# 房地产项目全程开发策划报告撰写

天火同人工作室　组织编写

化学工业出版社

·北京·

## 内容简介

《房地产项目全程开发：策划报告撰写》是研究房地产市场的工具书。撰写各类房地产市场报告是房地产营销策划人的本职工作。全书详述策划人撰写各类房地产市场报告必备的能力和与时俱进的思维方式。以前期可行性研究报告、营销策划类研究报告、投资预算类报告、营销策划招投标报告、工程管理策划类报告为范本，详细讲解每种房地产市场报告的格式规范、撰写原则、撰写要求、主体结构、内容来源和形成方法，知识点详尽，要点简明清晰。

本书适合房地产行业的专业人士作为工作手册使用，尤其适合策划、营销、销售三大类岗位从业人员学习参考，同时也可供房地产相关专业师生作为参考资料使用。

## 图书在版编目（CIP）数据

房地产项目全程开发．策划报告撰写/天火同人工作室组织编写．—北京：化学工业出版社，2022.5
ISBN 978-7-122-40960-7

Ⅰ．①房… Ⅱ．①天… Ⅲ．①房地产开发-营销策划 Ⅳ．①F293.3

中国版本图书馆CIP数据核字（2022）第042562号

---

责任编辑：王　斌　毕小山　　　　　　　文字编辑：刘　璐
责任校对：李雨晴　　　　　　　　　　　　装帧设计：韩　飞

出版发行：化学工业出版社（北京市东城区青年湖南街13号　邮政编码100011）
印　　装：大厂聚鑫印刷有限责任公司
710mm×1000mm　1/16　印张15¾　字数272千字　2022年7月北京第1版第1次印刷

购书咨询：010-64518888　　　　　　　　售后服务：010-64518899
网　　址：http://www.cip.com.cn
凡购买本书，如有缺损质量问题，本社销售中心负责调换。

定　　价：68.00元　　　　　　　　　　　　　　　　　　版权所有　违者必究

**本书编委会**

策　　划：天火同人工作室
主　　任：刘丽娟　龙镇
委　　员：刘丽娟　龙镇　马利　金萍　龙华
　　　　　彭光华　卜昆鹏　张连杰　仲文佳　吴仲津
　　　　　杨春烨　陈秋珊　曾穗玲　伍明艳　李中石
　　　　　曾庆伟　刘彩云　刘国清
特约编辑：陈秋姗　伍明艳
支持机构：广州赢房房地产咨询有限公司

# 目录

## 第1章　房地产全程营销策划能力修炼　1

### 1.1　全程营销策划要懂房地产全程开发　1
- 1.1.1　房地产营销策划是专业细分的工作　2
- 1.1.2　房地产开发流程的 8 大关键环节　2

### 1.2　房地产项目策划的 5 大新趋势　3
- 1.2.1　项目价值体系成为营销根本　3
- 1.2.2　营销策划不断前置　3
- 1.2.3　项目策划渠道化　3
- 1.2.4　线上导客常态化　4
- 1.2.5　媒体方式视频化　5

### 1.3　房地产项目全程策划的 4 大核心板块　5
- 1.3.1　前期策划工作板块　5
- 1.3.2　定位策划工作板块　9
- 1.3.3　营销策划工作板块　12
- 1.3.4　销售策划工作板块　12

### 1.4　房地产策划人需具备的 4 大核心能力　13
- 1.4.1　基础策划能力　14
- 1.4.2　通盘梳理分析能力　14
- 1.4.3　强大的协同能力　14
- 1.4.4　专业研究能力　15

### 1.5　房地产全程策划必懂的 5 类市场报告　15
- 1.5.1　前期可行性研究报告　15
- 1.5.2　营销策划类研究报告　16
- 1.5.3　投资预算类报告　17
- 1.5.4　营销策划招投标报告　19
- 1.5.5　工程管理策划类报告　19

- 1.6 房地产市场报告的制作要求 20
  - 1.6.1 房地产市场报告的基本结构 21
  - 1.6.2 房地产市场报告的正文内容 22
  - 1.6.3 房地产市场报告的 4 大要求 23
  - 1.6.4 房地产市场报告的 8 大撰写要点 23
- 1.7 房地产市场报告的 4 大撰写前提 24
  - 1.7.1 研究市场 24
  - 1.7.2 研究地块 26
  - 1.7.3 研究战略 27
  - 1.7.4 研究投资 29
- 1.8 房地产市场报告提交流程 31
  - 1.8.1 了解开发企业决策团队 32
  - 1.8.2 提交报告前的周密准备 33
  - 1.8.3 汇报前的物品准备 33
  - 1.8.4 现场汇报的 6 个流程 34

# 第 2 章 房地产项目前期可行性研究报告的撰写策略 35

- 2.1 可行性研究报告的基本结构 35
  - 2.1.1 报告封面 35
  - 2.1.2 报告摘要 36
  - 2.1.3 报告目录 36
  - 2.1.4 报告正文 37
  - 2.1.5 报告附件 37
  - 2.1.6 报告附图 37
- 2.2 可行性研究报告的整体结构及逻辑要求 38
  - 2.2.1 项目概况撰写 38
  - 2.2.2 市场调查分析 38
  - 2.2.3 规划设计方案 39
  - 2.2.4 建设方式和建设进度 39
  - 2.2.5 投资预算和资金筹措 39
  - 2.2.6 项目财务评价 40
  - 2.2.7 风险分析 40
  - 2.2.8 报告结论 40
  - 2.2.9 有关建议 40
  - 2.2.10 报告附表 40

2.3 可行性研究报告的 8 大核心内容　41
　2.3.1　项目背景分析　41
　2.3.2　宗地分析　42
　2.3.3　政策法律风险分析　45
　2.3.4　区域市场特征分析　48
　2.3.5　规划与开发分析　50
　2.3.6　投资收益分析　57
　2.3.7　人力资源管理配置　62
　2.3.8　项目可行性分析的结论结构　65

# 第 3 章　房地产项目营销策划报告的撰写策略　67

3.1 营销策划报告的撰写筹备步骤　67
　3.1.1　熟知项目背景　67
　3.1.2　研究市场数据　68
　3.1.3　整理内外部资料　68
3.2 房地产策划方案的独创性要求　68
　3.2.1　观念独创　69
　3.2.2　主题独创　69
　3.2.3　手段独创　69
3.3 项目营销策划报告的结构及目标　70
　3.3.1　项目营销策划报告的 7 大板块　70
　3.3.2　项目营销策划报告的制作目标　70
3.4 营销策划报告及撰写　71
　3.4.1　营销策划报告的 6 项核心结构　71
　3.4.2　营销策划报告的 7 个撰写原则　72
3.5 营销策划报告的 7 大内容结构　74
　3.5.1　房地产项目概况分析　74
　3.5.2　项目案名及 logo 设计建议　79
　3.5.3　项目推广计划分析　80
　3.5.4　项目营销推广策略　82
　3.5.5　项目销售现场包装建议　88
　3.5.6　销售管理策略分析　89
　3.5.7　物业管理策略分析　94

## 第 4 章　房地产项目产品设计报告的撰写策略　97

### 4.1　房地产项目产品设计的价值　98
- 4.1.1　保证企业的产品研发力　98
- 4.1.2　提高企业的产品力　98

### 4.2　房地产项目产品设计报告的 3 大核心　99
- 4.2.1　确定产品设计概念　100
- 4.2.2　明确产品设计价值　100
- 4.2.3　给出产品设计的可行性建议　100

### 4.3　撰写房地产项目产品设计报告的 5 大步骤　103
- 4.3.1　消费者需求分析　103
- 4.3.2　市场定位分析　104
- 4.3.3　规划设计分析　107
- 4.3.4　质量工期控制　115
- 4.3.5　物业管理策略　120

## 第 5 章　房地产项目投资测算报告的撰写策略　125

### 5.1　投资测算及融资报告的撰写要求　125
- 5.1.1　投资测算的价值　126
- 5.1.2　投资测算的流程　126
- 5.1.3　投资测算的 4 大主要指标　127
- 5.1.4　投资测算阶段的精准度要求　132

### 5.2　投资测算方案的 6 大结构　134
- 5.2.1　项目概况与投资计划分析　134
- 5.2.2　工程规划与安排　135
- 5.2.3　投资估算及资金筹措计划分析　140
- 5.2.4　销售和租赁收入测算　154
- 5.2.5　项目财务评价分析　156
- 5.2.6　项目不确定性分析　163

## 第 6 章　房地产项目营销策划招投标书的撰写策略　167

### 6.1　营销策划招投标的规范及要求　167
- 6.1.1　提高营销策划招投标效率的 2 大原则　168

6.1.2　营销策划招标投标常用的 3 种方式　　　168
　　　6.1.3　营销策划招投标的 5 大原则　　　169
6.2　营销策划招投标的流程和对招投标文本的要求　　　170
　　　6.2.1　营销策划招投标的 9 个流程　　　170
　　　6.2.2　制作营销招投标文本的 5 点要求　　　172
6.3　营销策划书的规范标准　　　173
　　　6.3.1　营销策划书的主导思想　　　173
　　　6.3.2　营销策划书的内容质量规范　　　174
　　　6.3.3　制作营销投标策划书的 5 大前提　　　176
6.4　投标策划书的 6 项主要内容　　　177
　　　6.4.1　项目市场分析　　　178
　　　6.4.2　产品分析研究　　　182
　　　6.4.3　广告推广策略　　　188
　　　6.4.4　销售策略制定　　　195
　　　6.4.5　团队管理机制　　　204
　　　6.4.6　营销费用使用计划　　　206

# 第 7 章　房地产项目工程管理策划书的撰写策略　　　207

7.1　项目工程管理策划书的撰写要求　　　207
　　　7.1.1　工程策划书并非施工组织方案　　　208
　　　7.1.2　策划书要体现对工程的管理　　　208
　　　7.1.3　策划书要体现全局管理　　　208
　　　7.1.4　撰写者要厘清所有工程环节　　　208
7.2　项目工程管理策划书的内容结构　　　210
7.3　项目工程管理策划书的撰写要点　　　211
　　　7.3.1　项目工程概况分析　　　211
　　　7.3.2　组织架构与岗位职责　　　213
　　　7.3.3　项目管理范围划分　　　219
　　　7.3.4　工程进度管理　　　226
　　　7.3.5　工程质量与安全管理措施　　　231
　　　7.3.6　工程成本管理控制措施　　　237
　　　7.3.7　工程风险管理与对策　　　240
　　　7.3.8　项目沟通与协调管理　　　242

# 第 1 章
# 房地产全程营销策划能力修炼

策划是一门复合性、交叉性、边缘性学科，它的本质是思维的科学，是为一个项目落地制定策略并执行的综合性工作。房地产领域的策划有多种分类：偏于市场的前期策划，偏于执行的营销策划，偏于推广和媒介的广告策划，还有偏于运营的品牌策划等。

房地产项目策划是一项综合性很强的工作。房地产营销策划书是策划人对楼盘营销系统的文本阐述，是一份由最初构想到逐步完善的系统性操盘方案。房地产营销策划书是把观念性思想变成可阅读的文字、图表，经审核确定后，变为一种应用性文件，是楼盘营销运作的依据，并根据运作实际情况进行相应调整、充实、完善。

从行业发展角度说，房地产行业已告别高速增长的增量时代，进入存量发展阶段。房地产开发商必须面对新的市场环境和运作模式。企业要实现蜕变，一个房地产项目的成功运作，需要专业化、数据化、系统化的市场报告文本来推动。所有房地产营销策划人，要想取得出色的工作成绩，获得职场晋升，研究、分析、撰写、解读各种专业市场报告文本是第一个要修炼的能力。

## 1.1 全程营销策划要懂房地产全程开发

房地产策划人，也叫房地产营销策划人。广义上是指隶属于甲方或乙方，从事房地产行业市场调研、方案策划、投资管理、产品营销和项目运营等工作的从业人员。

服务于房地产策划领域的人有2类：①在房地产企业营销岗位任职的人；②在房地产服务及顾问公司营销岗位任职的人。尽管在不同企业内，房地产营销策划人的职责定义和岗位要求不同，但他们的核心工作内容是相同的。

### 1.1.1　房地产营销策划是专业细分的工作

房地产营销策划报告中涉及营销组织、营销培训、营销流程，包括营销人员的考核和奖惩，一份房地产策划报告的功能有3个。

① 经营好项目运营指标。比如明确项目节点指标，如何去做市场推广和包装，每个阶段做什么事的运营执行表。

② 控制项目销售节奏。通过策划和包装展现项目的市场价值，体现产品和推广的差异化。

③ 控制项目营销费用。一个项目的营销费用包括销售推广、物料包装，以及与营销相关的各类服务、促销而产生的所有费用。一般情况，营销费用会占到一个项目总运营费的3%，管控策略对成本控制的意义非常大。

房地产项目开发是一个系统庞大、专业细分性很强的行业，房地产营销人员必须通晓房地产项目的全程策划过程，做房地产开发链条上的"全才"，只有这样才能成功做好一个项目。

所谓全程策划，是指房地产项目的策划方案要涉及开发的全部环节：市场研究、定位研究、营销推广、销售管理。全程策划的作用有两个：一是为项目开发战略做决策依据，二是为项目开发实施技术指导。

### 1.1.2　房地产开发流程的8大关键环节

房地产企业开发一个项目，全程会经历很多复杂的节点：拿地、付清地价、办理土地证、成立项目公司、报规划方案、拿到规划许可证、报施工图、拿到建筑工程师规划许可证、取得施工证、开工、施工、达到预售条件、营销策划、推广销售、物业管理。

从房地产企业项目管理角度看，以上开发节点，可以总结为8个环节：①土地获取及融资；②定位决策；③产品规划设计；④项目报建；⑤建筑施工；⑥营销推广；⑦销售管理；⑧物业管理。

这8个环节又可以分成4个阶段：项目立项阶段、项目前期准备阶段、项目建设阶段、项目销售及售后服务阶段。这4个运营阶段分别对应4项策划任务：房地产立项的前期策划、房地产产品设计的定位策划、房地产营销策划、销售执行策划。房地产策划人的专业能力要围绕这4个阶段和4项任务而逐步推进。

## 1.2 房地产项目策划的5大新趋势

成功策划一个房地产项目，已经不能再受限于传统的常规营销手段，如活动、平面设计、常规媒体广告、几次直播、漂亮的物料等。策划人只有真正理解营销，将客户意识融入每个营销动作中，运用新工具和新思维方式，构建更有效的传播方式，策划才能为项目销售发挥巨大功效。

### 1.2.1 项目价值体系成为营销根本

价值体系是基于客户需求而建立的，是成交服务的核心基础。今天的房地产策划和过去的操作手法有巨大的差别，项目"价值体系"不再是项目"卖点体系"。它是在了解产品设计真实理念，深刻理解项目卖点，通透了解客户的需求和接触方式后，提炼出的一套客户认可，并能够高于客户心理预期的价值体系。

### 1.2.2 营销策划不断前置

房地产项目的营销已经开始不断前置。房地产策划的上游是产品定位和产业协同。今天的项目营销策划，需要立足于企业战略，与企业自有的多个产业与地缘资源做嫁接和整合。如今已经有很多房地产开发企业，把企业的教育、文旅、商贸、物业、生态农业等业务板块，放在一个营销平台上运营和发展。

### 1.2.3 项目策划渠道化

不可否认，渠道时代已经到来。今天的房地产项目策划工作开始转为渠道服务，房地产项目策划人应该主动寻找自己的转型之路（图1-1）。

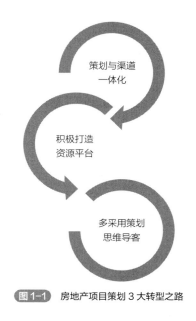

图1-1 房地产项目策划3大转型之路

① 策化与渠道一体化。是把策划和渠道融为一体，就是说，策划者要有渠道思维，渠道也需要策划思维。

② 积极打造资源平台。渠道工作会有点碎片化，有效、有序整合渠道和策划资源对开展策划工作非常重要。策划工作要以资源整合和管理为主，做好精细化分类，按行业、活跃度、贡献度、资源质量进行标签化分类，为后期项目的实施和资源提取做好有用的储备。

③ 多采用策划思维导客。房地产项目销售最普通的渠道是一对一的拓客，高品质渠道是拓裹整个圈层的人。

## 1.2.4 线上导客常态化

今天的各产业和产品都开始使用直播带货。不断有新媒体和新工具涌入行业营销推广中。房地产策划人必须始终掌握一点，房地产项目有巨大的地域性，在未来的项目营销策划上，线上导客或线上宣传是长久之路，将是未来很多年内主流的工作方式。

## 1.2.5　媒体方式视频化

"互联网+"已经成为常态。2020年后,"互联网+视频+产业"成为趋势,房地产策划人必须掌握并具备相关能力。在策划和营销中,能把物料"视频化",如项目区位和配套价值提炼、产品卖点演绎、客户购买理由、样板房和生活方式模拟等,都能通过视频以讲故事等形式呈现。

## 1.3　房地产项目全程策划的4大核心板块

根据房地产全程策划的主要内容,房地产策划人的工作被分为4个专业板块:
① 前期策划工作板块,为项目提供决策依据;
② 定位策划工作板块,为项目开发做定位策划,提出产品定位建议;
③ 营销策划工作板块,整合设计、建筑、广告、销售等环节的要求,为房地产项目制定营销策划方案;
④ 销售策划工作板块,根据企业战略目标和项目营销业绩指标,制定销售指导方案。

### 1.3.1　前期策划工作板块

房地产项目的前期市场策划,是指从宏观市场和区域微观市场出发,分析项目所处市场环境,提交市场整体竞争环境分析报告。

从管理角度上说,每个房地产企业的组织架构各有不同,营销负责人的权责也不同。但出色的营销负责人或营销工作者,不会将自己局限在房地产开发链条后端,而是努力往项目开发的前端走。只有不断深入项目拿地论证、市场调研、市场分析、产品设计、产品定位等前期工作中,才能不断增加自己的操盘实践能力,提升自己对房地产开发市场环境的掌控程度。

#### 1.3.1.1　宏观市场分析

房地产项目的宏观市场分析主要包括4个方面:
① 国家及城市宏观经济运行状况及发展态势;
② 宏观经济及政策对本行业的影响;

③ 整体房地产行业发展现状及发展趋势预测；

④ 城市发展战略规划及区域发展功能定位。

### 1.3.1.2 微观市场分析

房地产项目的微观市场分析主要包括7个方面：

① 房地产市场发展现状及区域总体市场供求；

② 区域市场消费及消费者状态分析；

③ 市场项目状况及主要竞争项目状态分析；

④ 区域发展趋势及市场细分状况分析；

⑤ 地块土地价值及SWOT分析；

⑥ 地块市政状况及施工条件分析；

⑦ 周边道路、交通状况、环境状况、人文状况、各种配套设施状况分析。

### 1.3.1.3 房地产开发专项研究

做房地产项目前期策划，要做好市场研究、产品策划、项目投资成本估算、项目投资评估测算等4类房地产开发的专项研究（图1-2）。

① 市场研究。包括市场调研、数据库搭建。

② 产品策划。包括户型配比、项目展示区。

③ 项目投资成本估算。包括项目开发成本、项目开发费用。

④ 项目投资评估测算。项目投资前，用各类开发效益指标测算项目收益。

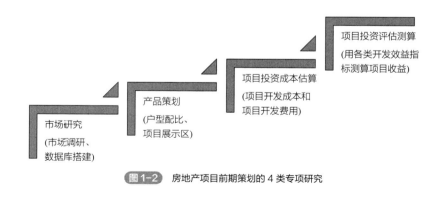

图1-2 房地产项目前期策划的4类专项研究

**（1）市场研究**

市场研究要有调查和结论。通过调研数据、分析现状，在市场数据中洞察到市场规律与趋势，找到项目的突破机会，将大量数据信息简明扼要地提炼成明确的观点，用清晰的逻辑表达出来，增强市场策略的说服力。

市场研究工作包括4个步骤（图1-3）。

① 市场区域界定。区域是房地产市场分析的基本单位，可以用它完成项目市场特征的范围描述。

② 区域经济环境分析。分析区域房地产市场处于何种发展阶段。

③ 专业市场分析。按楼盘的物业类型进行市场细分，对专业市场的供给和需求做对比预测。

④ 项目市场分析。对项目市场潜力、竞争对手及目标客户进行分析，找到机会点，预估项目市场前景。

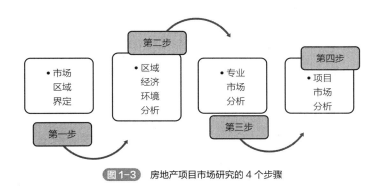

图1-3 房地产项目市场研究的4个步骤

定位策划应把握住5个方面：①重视市场调查分析；②抓住区域市场空白点；③符合市场需求的产品定位；④开发策略具有前瞻性；⑤推广计划易于执行操作。

（2）产品策划

产品策划是借助合理规划，因地制宜把房地产项目融入城市区域整体构造甚至整个城市运营中做综合考量的行为，是房地产开发企业确定产品价值的过程。

（3）项目投资成本估算

房地产行业内有一句话，一个项目的价值，至少80%是由投资环节决定的。房地产项目投资评估报告是房地产开发投资决策的重要环节，是房地产开发企业运营中的重大决策行为。企业投资决策正确与否直接影响企业的生存和发展，投资评估是各类评估服务机构的重要工作。

在项目开发的前期阶段，房地产企业开发一个项目，一定要进行经济效应评价，然后再做出投资决策。这个环节就是项目投资成本费用测算。投资只需做简单测算，进行初步研判，不需要太精准。但是，如果投资测算误差过大，也会造成企业投资决策失误。

估算房地产项目投资成本，先要明确项目投资成本的构成。房地产项目投资成本由开发成本及开发费用两部分构成。

房地产项目开发成本主要包括：土地成本、前期工程费、建筑安装工程费、配套成本、其他成本（管理成本、销售成本、不可预见成本、财务成本），详见表1-1。

表1-1 房地产投资开发成本项列表

| 成本项目 | 内容详情 |
| --- | --- |
| 土地成本 | 土地使用权出让金、土地征用及拆迁安置补偿费 |
| 前期工程费 | 规划设计费、可行性研究费、地质勘察测绘费及三通一平费 |
| 建筑安装工程费 | 土建工程费、室内装修工程费及设备安装工程费 |
| 配套成本 | 基础设施费、公共配套设施费 |
| 其他成本 | 不可预见费、开发期间税费 |

房地产项目开发费用成本分为4类：管理费用、销售费用、财务费用、其他费用等。

（4）项目投资评估测算

房地产开发企业通常负债较高，房地产项目兼具商品和金融属性。因此，房地产企业融资成本的高低对企业盈利能力有较大影响。

项目投资评估测算是房地产企业投拓的基本能力，对于入职或身处房地产行业投资岗位的从业者，都要熟悉并深刻理解房地产投资测算。

房地产项目投资评估测算，主要应用在2个方面：

① 用于房地产项目价值判断；

② 用于房地产企业整体财务情况分析。今天的整体房地产行业市场已经发生巨大变化，房地产业务板块的投资分析日趋精细，房地产企业对自身财务情况分析也不断加重。这样做的目的都是借房地产企业财务及经营指标，判断房地产企业的经营风险及经营效率。

房地产项目投资评估测算，一般要进行3种方向的测算。

① 常规开发项目经济测算。主要是指项目开发成本估算、盈利能力分析、现金流安排等测算。常规开发项目经济测算重在假设，在做经济测算时首先对假设前提予以说明。

② 盈利能力测算。项目开发后，如含有商业部分，需要用于租赁，则需要测算

项目的盈利能力，以做好经营期与建设期的承接，对未来经营收益做出合理预测。

③ 不动产价值测算。是针对项目的未来收益测算不动产的原本价值。

### 1.3.2　定位策划工作板块

定位策划是前期策划中最具价值的工作，是房地产项目完成市场调研后，策划人面对不同市场情况总结出的智慧结晶，是辅助企业开发决策的综合性活动。它的主要作用有3个：

① 使企业及操盘者的投资决策更准确，避免出现偏差；
② 增强项目的市场竞争力，赢得主动出击的地位；
③ 整合开发资源，预测未来产品市场。

在房地产项目开发中，通常用前期策划去指导项目开发。因为在项目开发的前期策划阶段，要完成房地产项目产品的3大定位：市场定位、产品定位、客户定位（图1-4）。

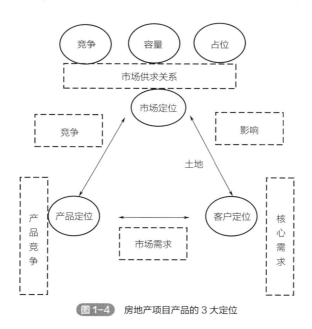

图1-4　房地产项目产品的3大定位

**（1）市场定位**

任何一个房地产项目在正式销售前，营销策划人都要经过详尽的市场调研分析，以明确项目的市场定位。房地产项目营销策划就是围绕项目定位进行的项目运营行为。

如表1-2所示，房地产市场定位有6项工作内容。在项目定位决策过程中，由市场定位、功能定位、客群定位等组成一套完善的项目定位系统，依据市场竞争控制项目开发成本，形成差异化定位体系。

表1-2 房地产项目市场定位工作内容

| 核心工作 | 含义 |
| --- | --- |
| 确立项目开发理念 | 确定项目的开发经营理念及模式 |
| 明确地块开发用途 | 在城市规划条件范围内，按最优利用原则确定项目开发类型，综合利用土地资源，挖掘土地最大潜能 |
| 筛选目标客户 | 以市场上的有效需求为导向，初步确定项目的目标客群，分析其消费能力，为项目后期的产品定位和价格定位提供决策依据 |
| 项目初步设计 | 根据土地和目标客户的具体情况，编制初步的项目设计任务书，确定建筑风格、结构形式、房型、面积和建筑标准 |
| 测算租售价格 | 参照类似房地产市场价格，综合考虑确定该房地产项目的市场价格 |
| 确定入市时机 | 根据企业经济实力和项目投资量，分析和选择时机，权衡风险和利益，提出可行性推售方案 |

市场定位的准确性，取决于市场调研期间对搜集到的市场信息的整合与提炼，即市场研究的质量。市场研究的具体内容有6类：①评估市场环境；②潜在市场机会；③市场风险规避策略；④项目发展方向；⑤产品建议和价格；⑥评估目标实现可能性。

市场研究中的市场环境评估尤其重要。主要研究如下内容：城区人口有多少，消费能力如何，研究市场的年供货量及成交量，是否有辐射影响市场，市场属于内向型需求还是外向型需求，城市主轴、新区或行政部门往哪个方向发展，市场存量及往年销售情况如何等。

（2）产品定位

任何一种产品都是提供给目标消费群的产品。准确的产品定位是成功销售的基础。房地产营销策划人进行产品定位，需要发挥创意，创意的源头是市场研究，通过研究不同的市场、供需情况、个别消费者的买房用途、空间价值等差异化存在，来定位项目产品。

做产品定位策划，要完成4个主题的研究，目的是让产品能准确突出卖点或独特销售点。

① 研究竞争对手产品。研究当地竞争对手规划什么产品，各类产品的比例如

何,去化情况如何——特别是销售好、去化快的项目。

② 研究客户产品需求。研究目标客户对住房有什么需求,包括外立面风格、面积段、间隔、使用功能等,是否存在哪些忌讳,当地有什么特别的地方规定。

③ 研究产品竞争力。比如,项目中的别墅类产品,是否为当地稀缺产品,户型类型是否适合大部分客户,是否符合当地居住习惯。项目中的洋房是否是得房率高的产品,本地市场是否偏爱赠送率高的产品,对比竞争对手是否有竞争力,房地产项目产品是否具有差异性竞争力。

④ 研究区域配套及绿化景观环境。项目周边有哪些配套设施,如超市、商业街、运动场所、优质的物业管理;项目自身的配套设施能否成为客户购房的关注点;研究当地最早和最新的城市公园;研究客户对配套绿化有哪些要求;当地是否对某些植物存在忌讳;研究绿化环境最受认同的项目,该项目种什么树、怎么配置;本项目的绿化水平与竞争楼盘相比竞争性如何;如何利用本地区自然景观资源;研究地块是否有自然景观设施资源可利用。

做完以上4项研究,还要围绕产品定位,做好8项具体的内容:项目总体规划、建筑风格及景观设计建议、户型设计及面积配比建议、配套设施及功能建议、物业建议、价格定位、制定均价、价格策略(图1-5)。

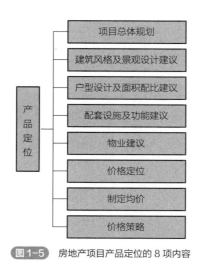

图1-5 房地产项目产品定位的8项内容

**(3)客户定位**

一个项目做好了市场定位,就等于同时做好了目标客户群的定位,即客户定位。

客户定位主要包括4项内容：

① 目标客户组成成分分析与判断；

② 目标客户区域设定与分析；

③ 目标客户群消费层次与支付能力定位；

④ 目标客户群消费心理特征分析等。

客户定位明确后，接下来的销售策划，只需深入分析目标客户群，寻找潜在客户在哪里，让房地产项目的销售推广策略更精准有效。

一个项目在正式启动销售方案前，策划人要保证做到以下几点：

① 清楚项目的产品特征；

② 明确目标客户群；

③ 分析他们的区域特征、职业特征、年龄特征；

④ 根据这些条件开发客户。

这4步工作是日后与客户做销售洽谈最重要的基础。

### 1.3.3　营销策划工作板块

房地产策划人的营销策划能力，是指从项目整体开发战略出发，对项目进行全面整合，制定项目的整体包装、宣传推广方案，最终出具项目营销推广报告。

营销推广报告主要有4个步骤（图1-6）：

① 区域市场竞争环境态势分析；

② 进行客户需求调查与分析，确定区域市场形象定位；

③ 制定项目营销战略和执行策略，明确包装项目方案和宣传方案；

④ 制定营销成本测算方案，根据项目成本测算方案，制定营销活动方案和活动执行方案。

### 1.3.4　销售策划工作板块

销售策划是房地产项目策划中最具有实战性的工作，主要体现在房地产项目的销售执行阶段。

销售策划在销售执行环节的主要工作是编制各类与销售相关的报告方案。主要包括10项内容：策划执行方案、销售前期准备方案、销售现场准备方案、销售代表培训方案、销售现场管理方案、房号销售控制管理方案、客户跟进服务方案、营销计划调整及销售阶段总结报告、销售广告评估报告、阶段性营销方案调整计划（图1-7）。

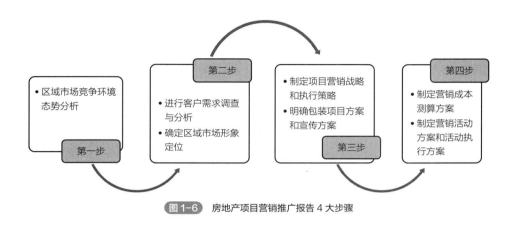

图1-6 房地产项目营销推广报告4大步骤

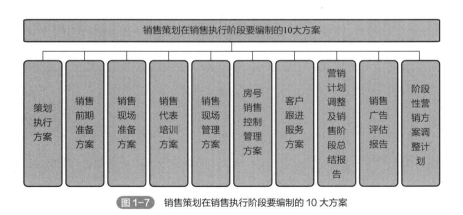

图1-7 销售策划在销售执行阶段要编制的10大方案

## 1.4 房地产策划人需具备的4大核心能力

房地产策划人提出的所有建议，都是根据特定市场、个体产品及企业销售要求，配合房地产项目周期管理和销售的目标，以市场调研和市场定位为基础，以独有项目概念为核心，运用多种策划手段，按一定流程对项目进行创造性的规划，为项目不同阶段出现的问题提供不同的解决方案。

### 1.4.1 基础策划能力

房地产策划人必须具备3种基本能力：写作能力、数据搜寻与整理能力、归纳总结能力。虽然人工智能可能会代替人的大部分工作，很多行业从业者需要转型，但是，具有创意和思考能力的工作，只要从业者足够努力，相信人的能力可以发生迁移，像策划人这种职业，在现在和未来，都会成为知识迁移的多面手，会拥有更广阔的职业空间。

### 1.4.2 通盘梳理分析能力

做好策划工作，房地产策划人要先把3个重要问题放在第一位。

①企业高层决策者或者企业老板的判断。企业家是企业的人格化，房地产企业的掌门人如何思考问题，是决定策划方案成败的关键。任何一个优秀的策划方案只有被企业高层或老板领会、吃透，并给予了充分赞同和肯定，才能在整个企业内被有创造性地实施和操作，策划方案才会变为现实。

②把握企业的历史脉络。房地产策划人给别人的企业或自己的企业做策划方案前，要对企业发展的历史脉络、发展节点、企业战略的重大转折、企业的未来愿景等重要信息进行仔细研究。掌握企业的发展史，是制定一份好策划方案的前提。

③企业资源盘存。仔细盘点企业都拥有什么资源，除了有形资产，更关键的是企业的无形资产和隐性资源。如公共关系、优惠政策、上级扶持等特殊优势，都是房地产策划人做策划方案的重要棋子。

### 1.4.3 强大的协同能力

做策划不是出一两个点子，而是传达理念、把控方向，是构建一个精密的系统工程。这些构建步骤包括：调查研究、企业或项目诊断、企业或项目战略定位、理念创新、策略设计、资源整合、操作实施、顾问监理、动态调整、总结提升等。这些工作涉及多领域、多部门、多技术的合作与沟通协作。

## 1.4.4 专业研究能力

一个房地产策划人如果没有跨专业的知识积累，产品构想容易变成无本之木，容易被项目的设计部、工程部或成本部等执行部门否定。房地产行业已经转为买方市场，购房群体开始变得年轻化、专业化。产品迭代更新速度越来越快，在渠道为王的营销时代，房地产策划人需要转型，让自己有下沉的能力，深耕房地产开发各个专业板块，应对复杂的开发需求。

## 1.5 房地产全程策划必懂的 5 类市场报告

房地产企业开发一个项目时，常规运作方式是营销策划前置。也就是说在房地产项目全程开发过程中，营销策划部在立项之初就要介入。营销部要提前介入项目开发，要掌握 5 类重要的专业市场报告：前期可行性研究报告、营销策划类研究报告、投资预算类报告、营销策划招投标报告、工程管理策划类报告。

### 1.5.1 前期可行性研究报告

房地产项目的市场可行性研究是企业在做投资决策前对拟开发项目进行全面调查研究和分析，运用科学评价方法得出评价指标，确定项目是否可行的综合研究行为。

市场可行性研究是房地产策划人必须熟悉的项目运作环节，是房地产项目估价程序不可或缺的部分。

房地产项目市场可行性研究发生在项目的前期策划阶段，工作形式是依据项目定位有针对性地做市场调查，调查内容包括目标客户群、消费观念、价格水平、推广渠道和方式、市场缺口等方面。主要目的是对地块内在条件进行整合及价值分析。每个可行性研究报告都要有严谨的市场分析，综合考虑市场、资金、市场风险等因素，做出合理取舍。

房地产项目前期的可行性研究报告主要包括 10 个方面的内容（图 1-8）：

① 项目区位价值评估；
② 项目地块开发价值评估；

③ 重要宏观经济指标监控与分析；

④ 微观房地产市场评估（主要细分市场和区域市场）；

⑤ 开发模式选取（细分市场缺口，技术经济指标对比）；

⑥ 市场定位（基于客户细分搜索之上）；

⑦ 物业管理要求；

⑧ 规划建筑设计方案要求与评估；

⑨ 成本效益分析；

⑩ 项目开发风险分析。

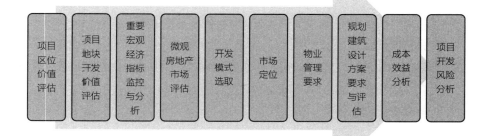

图1-8　房地产项目前期市场调研的10个方面

市场可行性报告最终要解决以下4个问题。

① 项目是否可行？

② 项目可行到什么程度？

③ 投资可能遇到最坏的情况是什么？

④ 如何应对项目最坏的情况？

能回答以上问题的市场可行性研究报告，才能真正为项目开发提供决策依据。

## 1.5.2　营销策划类研究报告

房地产项目开发制定的营销方案，决定销售业绩。好的房地产营销方案必须有一个好的计划书，以及定位精准且执行性强的营销方案，才能在整体上把握整个营销活动，有序开展后面的销售执行工作。一个房地产项目实现甚至超出预期销售业绩要依赖2点：

① 准确的前期市场策划；

② 整个团队不同执行岗位对前期市场策划的理解达成一致，并制定统一营销行动方案。

（1）营销策划报告的3项内容

成功的营销策划报告必须有严谨周密的市场数据分析，主要有以下3项内容。

① 区域市场竞争环境分析报告。

② 客户需求调查与产品市场分析报告。这份报告里还包括3个次级方案：区域市场形象定位方案、项目营销战略及执行计划方案、项目包装及宣传方案。

③ 营销推广报告。这份报告里要包括3个次级方案：营销成本测算方案、营销活动方案和销售执行方案。

（2）营销策划报告的资源整合

根据需要选择相关资源，以某种方式横向集聚成为新资源组合。房地产资源整合是内部或开发所需的资本、土地资源、管理效能及客户群建筑商等，可分为外部资源整合与内部资源整合。

从整体营销推广角度，对项目进行全面整合，制定整体包装、宣传、推广方案，提交营销推广报告。

## 1.5.3　投资预算类报告

城市里用于开发的土地越来越难拿，土地开发的成本也日趋增高。房地产企业为了最大程度降低获取房地产项目的失误率，对房地产项目的投资预算分析环节非常重视。房地产项目的可行性分析就建立在企业对整个项目投资预算的基础之上。很多年度销售排名前十名的房地产企业，精细化的投资预算已经成了重要的企业文化。

对房地产策划人来说，项目投资预算是房地产投拓的基本功之一，是策划者与项目开发各职能方有效沟通的重要基础。一个房地产策划人，只有搞明白了如何做项目的投资预算，才算真正理解房地产经营的大逻辑。

（1）投资预算的价值

房地产项目的投资预算是用来指导项目投资，让决策者做出判断的依据。主要价值有2点。

① 投资预算是用来指导项目投资的。是制定房地产项目的融资方案、经营方案的必要环节，借助科学的收益分析报告，最大限度保证完成投资目标。

② 投资预算能帮助决策者树立理性务实的投资理念。以数据分析为基础，综合考虑各种市场因素和当地的政策、客户、供应商等，来指导决策者做出正确的选择。

**（2）投资预算的主要内容**

能熟练制作和撰写项目投资预算报告，要明白3件事：

① 房地产项目利润是如何计算出来的；

② 房地产经营需要投入哪些因素；

③ 什么样的房地产项目才算是一个优质好项目。

房地产项目的整个投资预算，囊括了从收入实现、投资计划、税收费用、项目利润的计算、融资计划、投入成本，到进行相应的投资指标、现金流指标、利润指标的分析，最后对整个的投资结论做一个分析和判断。

项目投资预算包含项目建设工程预算，需要营销成本、金融成本和建筑成本等。工程预算不等于房地产企业对项目工程建设的实际投资。在被证明可行的前提下，边回收资金边追加投入的滚动式投资开发方式是可取的。房地产项目投资预算的主要内容，见表1-3。

表1-3 房地产项目投资预算的主要内容

| 内容 | 项目 |
| --- | --- |
| 营销开支预算 | ①研究前及可行性研究开支<br>②项目策划开支<br>③销售策划开支<br>④广告投放开支<br>⑤日常运作开支<br>⑥项目公关开支 |
| 工程开支预算 | ①工程勘探开支<br>②吹沙填土及平整土地开支<br>③工程设计开支<br>④建筑施工开支<br>⑤设施配套开支<br>⑥工程监理开支 |
| 土地征用开支预算 | 政府一次性收取的标准地价<br>拆迁补偿或青苗补偿开支<br>影响公共设施而出现的赔偿开支 |

（续表）

| 内容 | 项目 |
| --- | --- |
| 金融成本预算 | 外汇资金银行担保及管理费用开支<br>贷款利息开支<br>各项保险开支<br>税收和行政性开支 |

### 1.5.4　营销策划招投标报告

房地产开发企业在项目进入营销执行阶段，经常对外就营销策划方案进行招标，营销类招投标报告也是房地产策划人必须要掌握的专业报告之一。

营销类招标内容一般包含6类：

① 项目前期定位；

② 市场调研；

③ 广告媒体（报纸、杂志、公众号、视频号、直播、电视广告等）；

④ 营销类活动，如示范园区开放活动、项目开盘活动、现场节庆活动、业主活动等；

⑤ 户外广告牌、包装印刷、现场制作等（含营销广告所有商家）；

⑥ 示范区域包装（含样板房软装饰、售楼大厅软装饰等）。

### 1.5.5　工程管理策划类报告

房地产项目工程管理是房地产开发的重要环节，也是项目开发最具实质性的环节。常规的房地产项目工程管理策划有两方面内容：工程质量和工程进度。

房地产项目的工程管理策划，是一份需紧密结合项目实际情况的策划，每个管理要点分析都基于房地产项目的实际情况。一个房地产策划人撰写工程管理策划书，不仅要包括房地产项目工程管理的通用性法则，还要能体现基于项目个案的产品特性、管理要求和执行节奏等针对性内容。

## 1.6 房地产市场报告的制作要求

一份专业的房地产市场报告，要先提出问题，然后解决问题，最终具体问题具体分析，为项目提供切实可行的战略和战术。市场报告的结构和核心要围绕这份市场报告的逻辑和价值展开，主要从4个角度出发：①目标与问题；②区域地脉与资源人脉；③职业逻辑与价值梳理；④执行动作等。

指导房地产项目开发的各类专业市场报告都要具备5个特点，才能真正落实到项目执行中云（图1-9）：

① 报告中使用的市场数据要根据报告功能而具有多样性；
② 报告要体现需要解决的具体问题，论证得出的结论有指导性和执行性；
③ 能清晰呈现报告撰写者的市场分析方法和科学论证方法；
④ 报告能体现市场信息的收集方式；
⑤ 报告文本逻辑性强，适合在各种会议场合汇报、演示和解说。

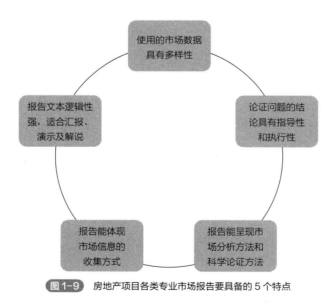

图1-9 房地产项目各类专业市场报告要具备的5个特点

所有的房地产市场报告，在文本编写和制作上都有既定格式规范、常规条款和语言方式。只有弄懂市场报告的信息收取、文本结构和规范要求，才能编写出有价值的市场报告。

## 1.6.1 房地产市场报告的基本结构

房地产项目市场报告基本结构的内容，见表1-4。

表1-4 房地产市场报告基本结构

| 项目 | 内容 |
| --- | --- |
| 封面 | ①报告名称；<br>②专业研究编写机构名称；<br>③编写报告时间 |
| 摘要 | ①项目概况；<br>②市场情况结论；<br>③有关背景说明或假设条件 |
| 目录 | ①假设条件；<br>②具体内容；<br>③报告章节 |
| 正文 | ①项目概况、项目背景；<br>②委托方、受托方；<br>③研究目的、编写人员、编写依据、编写假设和说明；<br>④市场调查和市场分析；<br>⑤规划设计方案；<br>⑥建设方式和建设进度；<br>⑦投资估算及资金筹措；<br>⑧财务评价、风险分析；<br>⑨研究结论、专业人员对项目的建议；<br>⑩相应附表 |
| 附件 | ①结论的主要依据；<br>②有关部门批准文件，如规划选址意见书、土地批租合同、土地证、建筑工程许可证等；<br>③依照委托书和上述文件及相应法律、法规 |
| 附图 | ①项目位置图；<br>②项目地形图；<br>③规划红线图；<br>④设计方案平面图；<br>⑤所在地区或城市总体规划图等 |

## 1.6.2 房地产市场报告的正文内容

房地产项目市场报告的正文内容，见表1-5。

表1-5 房地产市场报告的正文内容

| 项目 | 报告正文部分 |
|---|---|
| 项目概况 | ①项目背景；<br>②市场报告目的；<br>③项目各方名称、性质、地址、法人代表、营业执照登记号及联系人；<br>④周边市政配套和基础设施现状；<br>⑤项目交通配套及周围环境等；<br>⑥编写人员名单；<br>⑦研究报告的论证依据、项目假设和项目情况说明 |
| 市场调查分析 | ①宏观区域和微观市场分析；<br>②调查及未来供给；<br>③需求和价格预测；<br>④定性分析及定量推导 |
| 规划设计方案 | ①项目具备的规划设计方案；<br>②项目建设过程中是否具备市政条件；<br>③市政条件包括水、电、煤、卫、通信、供暖（部分地区）及道路等配套情况 |
| 建设方式和进度 | ①对建设方式的委托提出建议；<br>②由委托方确定建设方式和进度安排；<br>③确定后进行投资估算 |
| 投资预算和资金筹措 | ①计算建设过程中的各项费用，计算出资金筹措部分；<br>②对整个项目投资额和相应支付时间做出融资安排，如自有资金、贷款和预售收入3种主要资金来源的安排等 |
| 财务评价 | 用主要财务评价指标计算结果，如净现值、现值指数、内含报酬率和动态回收期等 |
| 风险分析 | ①计算出保本销售额；<br>②分析盈亏平衡点；<br>③将主要敏感因素分为有利和不利情况下的敏感因素，计算相应财务评价指标 |
| 报告结论 | 得出可行性研究结论，明确说明该项目是否可行，是否具有较强抗风险能力 |
| 有关建议 | 提出有利于项目获得更佳经济效益、社会效益、环境效益等方面的建议，供委托方参考 |
| 附表 | 报告各类说明文件，如投资匡算表、销售收入表、资金筹措表、利息计算表、现金流量表、敏感性分析计算表等 |

### 1.6.3 房地产市场报告的4大要求

撰写房地产市场报告有4大要求（图1-10）。

① 设计方案明确。报告的主要任务是论证预先设计的方案，先设计研究方案才能明确研究对象。

② 各板块内容真实。对报告各板块中所运用的资料、数据反复核实，以确保内容的真实性。

③ 市场预测准确。进行深入调查研究，充分搜集资料，运用实际预测方法，科学预测未来前景。

④ 逻辑论证严密。逻辑论证是房地产项目可行性研究报告的一个显著特点，是指整个报告围绕影响项目各类因素，进行全面系统的宏观及微观的分析。

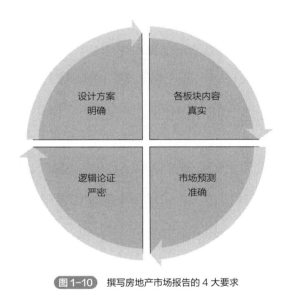

图1-10 撰写房地产市场报告的4大要求

### 1.6.4 房地产市场报告的8大撰写要点

房地产策划人撰写市场报告，一定要注意以下8个要点：

① 按照提纲，依据市场实事求是地论证；

② 突出报告论证的关键技术，创新点，创新手段（如原理创新、结构创新、应

用创新等），主要内容（如技术要点、主要指标等）；

③ 用文字叙述或表格形式与国内外同类技术及产品比较；

④ 信息和数据要求明确、详实、丰富，不随意空缺或省略；

⑤ 可由申请企业组织或委托资质中介机构完成专业环节的内容撰写；

⑥ 报告内容有专家论证部分，这部分可由企业自行组织或由项目操盘团队推荐相关专业单位，论证专家最好不少于3名，专家名单附在论证意见后面；

⑦ 市场报告各栏目板块要保证内容完整，核心论点完备；

⑧ 市场报告有清晰完整的目录及页码。

## 1.7　房地产市场报告的4大撰写前提

对很多从事房地产策划工作的人来说，撰写市场报告是一件有套路且枯燥的事。但是，撰写房地产项目市场报告又是让人快速全面熟悉项目的关键途径。一个想快速提升能力的房地产策划人撰写房地产市场报告时，要彻底放弃投机取巧的心态，老老实实按专业要求和专业路径去撰写。

撰写一个项目的市场报告，要先从项目必须解决的核心问题切入，最终为这个项目破题。这个过程至少经历3大环节：

① 多维度的市场信息获取、整合、输出和运用；

② 论证项目之后需要得出理性客观的市场判断；

③ 思维方法是从专业策划的角度，给项目操盘以系统化的指导，找对运作方向，有效提升项目溢价，实现策划对项目操盘的终极意义。

具体来说，房地产策划人撰写市场报告，要用4个专业研究做前提：研究市场、研究地块、研究战略、研究投资。

### 1.7.1　研究市场

研究市场主要是调研市场，研究市场上的目标消费者。

**（1）市场调研能力**

项目处于不同阶段，市场调研目的也不同。比如，项目前期的市场调研，工作内容偏向把握项目整体趋势；项目进入中期和后期运作阶段，市场调研更偏向数据更新和对竞争对手的深入研究。主要工作有6项：

① 确定市场调研目的；

② 进行市场调研总体部署；

③ 选取市场调研的方法；

④ 确定市场调研的时间；

⑤ 进行市场调研人员培训；

⑥ 进行市场调研区域布点。

**（2）消费者研究能力**

作为一个专业的房地产策划人，一定要注意辨别市场外界环境的巨大变化，通过建立早期预警系统以改变策略思想。

在一份房地产策划方案里，消费者市场分析与营销环境分析是同等重要的专业研究。这里所说的消费市场包括：①个人和家庭市场；②不同类型的消费者群体市场；③其他级别的细分人群市场。房地产项目产品打造就是在充分及完备的消费市场细分基础上，按照消费者需要开发和提供自己的产品和服务。

一份房地产项目市场报告，要在分析消费者行为的基础上，从购买心理方面着手分析，营销策划人根据报告的分析和结论制定营销计划。

消费者行为分析具体研究以下6个问题（图1-11）：购买什么？为何购买？是谁购买？如何购买？何地购买？何处购买？

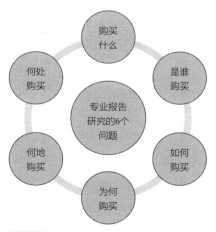

图1-11　房地产项目市场报告研究的6个问题

## 1.7.2 研究地块

### 1.7.2.1 评定地块价值的指标体系

如何初步判断一个地块的价值,主要是根据以下价值判断要素和衡量标准(表1-6)。这些标准也为衡量是否值得企业获取地块、项目是否能继续介入提供基础判断依据。

表1-6 项目地块价值判断要素及衡量标准

| 价值判断要素 | 衡量标准 |
| --- | --- |
| 环境条件 | ①环境质量——大气、噪声的污染及绿地覆盖情况;<br>②自然条件——景观资源、地形和地势情况;<br>③文体设施——距公园、体育场馆、图书馆的距离 |
| 交通便捷度 | ①公交便捷度——公交线路、公交站点的情况;<br>②对外交通便捷度——距火车站、飞机场的距离;<br>③相邻道路通达性——道路性质、车流量、宽度等 |
| 市政及公共设施状况 | ①市政设施完善度——供水供电、环卫情况;<br>②公共设施完善度——学校、医院、邮局及娱乐设施(如影剧院等) |
| 产业影响 | ①区内产业成熟度;<br>②相关产业配套、集聚状况;<br>③产业未来发展趋势 |
| 城市规划 | ①地块所在区域规划方向定位;<br>②周边区域对本地块的影响 |
| 拆迁难度 | ①地块内部现状待拆迁建筑的规模;<br>②难度及其对本地块的影响 |

### 1.7.2.2 地块与城市的关系研究

(1)地块与城市的空间关系

地块与城市空间关系的价值判断要素及衡量标准,见表1-7。

表1-7 地块与城市空间关系的价值判断要素及衡量标准

| 判断要素 | 衡量标准 |
| --- | --- |
| 地块与城市的位置 | ①城市中心区;<br>②城乡接合部;<br>③远离城市的郊区 |

（续表）

| 判断要素 | 衡量标准 |
|---|---|
| 地块核心价值 | ①生活便利程度；<br>②城市规划带来的预期；<br>③地块周边的自然资源禀赋 |

**（2）地块与城市区域功能的关系**

直接影响地块价值的是城市区域功能。城市区域功能包括商业区、商务区、居住区、大学城、高新技术产业区等。地块在不同区域呈现出的价值有所不同。城市区域功能的不同，会导致政府投入的不同。第一种情况属于常规情况下的地块价值判断（表1-8）。第二种情况属于特殊情况下的地块价值判断。作为房地产策划人要懂得，一个商业地块不一定适合做商业项目，也可能更适合做住宅项目。同理，一个住宅地块中，也有适合做商业项目的部分。

表1-8　常规情况下的地块功能区分类及价值判断

| 判断要素 | 衡量标准 |
|---|---|
| 城市功能区 | ①商业/商务区；<br>②休闲/居住区 |
| 地块性质类别 | ①商业地块；<br>②住宅地块 |
| 地块价值 | ①商业价值最高；<br>②住宅价值最高 |

## 1.7.3　研究战略

房地产行业不是孤立的行业，房地产行业和国民经济发展是相辅相成的关系。一个国家良好的宏观经济运行情况和发展态势，是企业发展的良好基础。房地产开发企业在获取地块前，一定要认真做好城市战略研究。城市战略研究内容包括以下5个方面。

**（1）经济环境影响**

经济环境分析是房地产项目开发是否具备可行性的根本依据。宏观经济研究是管理学范畴，作为一门科学或者学科，这是一个房地产策划人必须要具备的敏锐的宏观嗅觉。经济环境有两个方面。

① 软性因素。比如财政政策、货币政策、收入分配政策、产业政策等经济

政策。

② 硬性因素。即一个国家或地区进行经济活动所必需的各种基础设施，比如能源和原材料的供应状况、交通运输状况、通信状况及互联网接入的可获得性。

经济环境研究内容主要包括以下3大类。

① 研判城市人口趋势。城市发展的根本是人口，它是一切经济活动的基础。在今天，存量人口已经成为各地博弈争夺的核心资源。

② 区域产业布局。中国经济已由高速增长阶段转向高质量发展阶段，经济已经从价值链中低端向中高端升级。国内区域和城市经济发展，一直在产业分工和产业升级间变化。

③ 区位发展趋势。区位是吸引产业开发的最强磁场，区位发展趋势背后是城市规模经济、地理交通优势和地缘政治的综合实力。

（2）行政行为影响

从城市管理角度说，能直接影响当地房地产开发的有以下2个因素。

① 地方政府的城市规划及规划控制水平。政府决策如果有超前的科学规划、有效的规模控制、严格的规划管理，就可以避免盲目、一窝蜂开发导致房地产项目同质化的怪现象。

② 地方政府的市场管理能力。一旦城市房地产市场管理混乱，土地出让规模失控，就会出现地皮炒卖、区域内商品房供应量过大、房地产项目市场价格大起大落的现象。

（3）区域功能联系

决定房地产项目价值的，不完全是楼盘自身的档次和质量，还有项目所在区域周边街区的环境和生态。街区功能是房地产实现市场价值的外在因素。一个城市的区域间是否存在功能互补关系，是房地产企业获取一个地块前要重点研究的问题之一。

（4）项目投资商的自身条件

一个房地产项目的开发，可能会吸引到多家投资单位。如何考察和评估项目投资商的条件，也是项目开发战略研究的一部分。对投资商的评估一般要基于3个方面。

① 考察企业投资经验。任何公司都不会对完全不了解的领域进行投资，房地产投资也是如此。

② 考察企业投资方式。背景实力不同，项目投资方式也不一样，投资须谨慎。

③ 考察企业融资能力。每个项目开发都会遇到借贷和融资问题，参与共同开发的每一个企业，借贷渠道和融资渠道是否可靠是非常关键的因素。

（5）企业自身影响

房地产开发企业进行项目分析时，对企业自身条件的分析和研判也是项目成功与否的重要前提。在考察一个地区、一个项目值不值得投资时，一定要基于专业的报告论证和分析，有针对性地权衡本公司是否适合做这个投资，是否适合投资这一类型的项目。

## 1.7.4 研究投资

房地产项目投资研究，要对项目做全盘考虑。包括投资市场分析、市场预测、成本测算、财务评价、盈亏平衡分析、敏感性分析、风险分析。

（1）投资市场分析

投资市场分析有3个方面。

① 宏观因素分析。如政治、经济、文化、地理地貌、风俗习惯及有无地区冲突或战争发生的可能性。

② 微观市场分析。包括对拟投资房地产市场分析、对项目同类型物业市场分析。

③ 区域性因素分析。中国地域辽阔，地区之间发展不平衡，每个地区城市和经济的发展都存在不同程度的差异。项目开发企业很多好的经验并不能直接复制到另一个区域的项目上。每开发一个项目，都要做好区域性因素分析，才能把握个体项目独特的开发和运营因素。

（2）市场预测

市场预测有3个方面。

① 需求预测。以调查信息、数据和资料为依据，运用科学方法对某类物业市场需求规律和变化趋势做分析和预测，推断出市场对该类物业的需求。

② 供给预测。以调查信息、资料和数据为依据，运用科学方法对某类物业市场供给规律和变化趋势进行分析，预测市场上该类物业的供给情况。

③ 预测方法。可分为时间序列分析法和因果关系分析法。时间序列分析法分为移动平均法、指数平滑法等；因果关系分析法分为线性回归法、非线性回归法、模拟法等。

### （3）成本测算

成本测算包括3个方面（图1-12）。

① 土地前期费。指取得土地使用权证，完成现有建筑物拆迁，开通施工用水、用电、道路及场地平整所需的费用。根据取得土地方式的不同，又可分为新征土地前期费、旧区改造前期费和土地批租费3种类型。

② 设计和建筑安装工程费。包括完成场地三通一平后，从规划设计到土建工程、设备安装、装饰工程及小区配套、小区绿化结束的费用。

③ 市政配套费。项目开发时向城市市政建设部门交付的配套费。

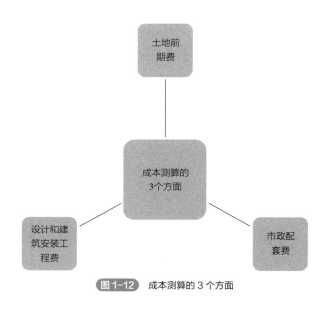

图1-12 成本测算的3个方面

### （4）财务评价

项目投资方案的财务评价指标分为以下2类。

① 贴现动态指标。即考虑货币时间价值因素指标，包括净现值、获利指数、动态回收期、内部报酬率等。

② 非贴现静态指标。即没有考虑货币时间价值因素指标，如静态回收期、投资利润率等。在房地产开发项目评价中以动态指标为主，以静态指标为辅。

### （5）盈亏平衡分析

盈亏平衡分析在财务管理中称量本利分析，指在一定市场生产能力条件下，分析拟建项目产出（量）、成本（本）和收益（利）的关系，判断项目优劣及盈利能力。

判断项目优劣及盈利能力的关键是找到项目的盈亏平衡点，即达到盈亏平衡状态利润为零的点。在项目产出能力一定的前提下，盈亏平衡点越低，盈利可能性越大，经营安全性越好。

（6）敏感性分析

敏感性分析是研究某些因素发生变化时，项目经济效益发生的相应变化，并判断这些因素对项目经济目标的影响程度。这项分析能让房地产开发企业了解某些因素的变动对项目财务评价指标的影响程度，也能让他们对较敏感的因素再做一次仔细研究，提高项目可行性研究的准确性。

反应敏感程度的指标是敏感系数。

敏感系数＝目标值的变化百分比／参数值变动的百分比

例如：以售价为参数值，以项目的净现金流量现值作为目标值，已知售价增加10%，净现金流量现值增加20%，则售价的敏感系数为20%÷10%=2。

若敏感系数为负，说明目标值变化与参数值变化方向相反；系数越大说明参量对目标值越敏感，在可行性研究中对该参量的确定须谨慎。

（7）风险分析

风险分析又称概率分析，利用概率值定量研究不同确定因素发生不同幅度变动的概率分布及对方案经济效果的影响，对方案经济效果指标做概率描述，对方案风险情况做比较准确的判断。

## 1.8 房地产市场报告提交流程

每个房地产策划人都要面对无数的工作汇报。撰写好的市场报告是众多工作汇报的内容之一，报告提交流程主要有4个（图1-13）。

① 了解开发企业决策团队。包括主要决策人的基本职位、工作风格，该决策人在本次工作汇报中扮演的角色和他可能提出的意见方向，以及他对汇报工作文本的规范要求。

② 提交报告前做周密准备。包括效果呈现、确定汇报人员、多次演练。

③ 汇报前物品准备。包括文件签收单、演示设备工具、出席人员名单。

④ 确定汇报当天的工作流程。包括介绍出席人员、提交报告文本、讲述会议内容、报告讲演核心部分、核心领导给出反馈意见、双方领导进行总结性发言。

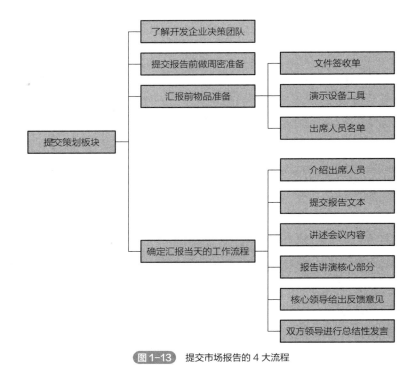

图1-13 提交市场报告的4大流程

## 1.8.1 了解开发企业决策团队

对大多数房地产企业来说，内部决策不稳定和反复一直是项目开发过程中最难的问题。原因就是，企业内部达成一致意见会非常困难。企业的规模越大，统一意见的难度就越大。因此，向决策层提交一份策划报告，明确企业内部重要决策团队的重要需求和行事风格很重要。强调汇报的计划性，避免随意性，尤其是掌握好该企业团队的决策质量与决策效率，直接关系到汇报效果的好坏。

（1）确定向谁汇报

作为专业市场报告的撰写团队，了解主要决策人及具体做事人数量，确定正式报告份数。另外，根据决策人级别确定包装程度。如果房地产开发企业要求提交电子版文档，策划部先婉言拒绝，然后按程序填好刻录文件申请表，经部门经理、总监签字后交由总经办秘书处处理。

（2）按需装订报告

了解房地产企业主要决策人及具体做事人数量有多少个，进而确定正式报告的份数。

假设房地产企业有2个总经理级别人物及3位具体做事的人，则可提交2份经精美包装的报告、2~3份普通装订的报告。

（3）明确出席人员名单

确定当天汇报议程及拟出席人员名单；提交重要报告要有公司中高层管理人员出席，例如：部门经理、总监、总经理、董事长等。邀请公司高层出席，要提前1～2天预约。

## 1.8.2　提交报告前的周密准备

（1）保证呈现效果

提交报告之前，最好根据报告的内容制作一份思路清晰的"浓缩版报告"提供给没时间看长篇大论的房地产企业总经理看（同时也作为报告主讲人的提示性文件）。为达到更好的演示效果，根据报告的主要内容制作一份图文并茂的PPT演示稿。

（2）确定汇报人员

汇报可以安排多个人员。可以让不同职能的人员共同汇报，每个人讲演自己撰写或擅长的部分，既能体现业务专业度，也能随时了解听报告的人的意见。

（3）多次演练

提交报告前，汇报团队要做好分工，进行至少2次的现场演练，力求表达流畅、思路清晰、逻辑严密，避免枯燥念稿，要富有感染力。

## 1.8.3　汇报前的物品准备

（1）文件签收单

统一制作文件签收单，同时要求房地产企业负责人签字并盖公章，作为房地产企业确认及将来收取策划费的凭据（如有策划费）。

（2）演示设备工具

提前向行政部借用手提电脑、投影仪、电源插座等工具（开会前向房地产企业询问是否已有上述设备，如有，则无须携带）。

### （3）出席人员名单

在汇报前，再一次确认双方出席会议的领导和职能人员名单，以确定现场汇报时的内容重点。

## 1.8.4　现场汇报的6个流程

① 介绍出席人员。由部门经理或项目经理介绍出席会议的策划人员，请房地产企业负责人介绍列席人员、双方交换名片。

② 提交正式的市场报告文本及文件签收单，提示房地产企业签字及加盖公章确认。

③ 部门经理或项目经理汇报开会议程及报告主要内容。

④ 讲演报告核心内容部分，时间控制在45分钟到1个小时。

⑤ 报告讲演完毕，部门经理或项目经理邀请房地产企业负责人发表意见，尽量在会上就报告内容达成一致，以方便推进下一步工作。

需要注意的是，如果房地产企业在会议现场不能给出反馈意见，则会议结束后需提供书面意见；由部门经理或项目经理向房地产开发公司提交正式报告文本及文件签收单，提示房地产企业签字及加盖公章确认；如果房地产企业暂时不能给出反馈意见，则请房地产企业内部尽快了解报告内容，最终用书面形式提供给策划方。

⑥ 由会议双方高层领导进行总结性发言，明确房地产企业认可的内容及需要改进和补充的部分。

# 第 2 章
# 房地产项目前期可行性研究报告的撰写策略

在房地产策划中，撰写各种类型的市场报告，本质上都是策略输出。每一种功能的市场报告都是为项目解读市场和价值，为项目操盘人提供决策依据。

房地产项目可行性报告属于房地产开发的前期策划报告，指的是已经获得土地而规划设计尚未完成前的研究策划工作，其核心价值在于指导开发。

## 2.1 可行性研究报告的基本结构

房地产项目可行性研究报告的基本结构包括6个部分：封面、摘要、目录、正文、附件和附图。

### 2.1.1 报告封面

项目可行性研究报告的封面需要写清3项内容：
① 可行性研究报告的详细名称；
② 本份报告的撰写机构或撰写人名称；
③ 本份报告的完成时间。

## 2.1.2　报告摘要

可行性研究报告摘要部分，须使用简明扼要的文字，介绍清楚这份研究报告的核心内容，撰写者要注意以下2点。

（1）主要结构完整清晰

市场可行性报告摘要的主要结构包括4项内容：

① 项目基本概况；

② 项目市场情况；

③ 可行性研究报告的结论；

④ 可行性研究有关说明或假设条件。

（2）阐述文字清晰准确

房地产策划人在撰写研究报告摘要时，文案要达到3点：

① 内容重点突出；

② 假设条件清楚；

③ 数据清晰及论证逻辑严谨，阅读者短时间内能读懂全部精要内容。

很多房地产开发企业主张去掉项目可行性研究报告中的摘要这个结构，理由是房地产项目可行性研究报告事关重大，阅读者应仔细阅读全文，而不是仅仅浏览概要。这是对市场报告摘要价值最大的误会。

报告摘要的主要功能有3点：

① 是对项目课题研究的重要总结；

② 是对市场研究的核心交代；

③ 是对报告受众最简短直接的汇报。

报告摘要的主要价值也有3个方面：

① 有利于使用者用计算机做信息检索；

② 有利于倾听者和使用者把握本项研究的关键之处；

③ 有利于使用者快速判断和评估本次市场研究成果的价值。

## 2.1.3　报告目录

一份扎实的房地产项目可行性报告，少则十余页，多则数十页。为了便于市场研究和阅读使用，撰写者应为每份可行性研究报告按照章、节、条目编清楚一份报告目录。报告目录应具备3个特点：

① 体现报告的前后逻辑关系；
② 表明报告分析的假设条件；
③ 厘清报告内容的顺序。

### 2.1.4 报告正文

项目可行性市场报告的正文是该报告的主体部分，主要包括下列内容：

① 项目概况，包括项目背景、委托方、受托方、可行性研究的目的、可行性研究的编写人员、编写的依据、编写的假设和说明；
② 市场调查和分析；
③ 规划设计方案；
④ 建设方式和建设进度；
⑤ 投资估算及资金筹措；
⑥ 项目财务评价；
⑦ 风险分析；
⑧ 可行性研究的结论；
⑨ 研究人员对项目的建议。

### 2.1.5 报告附件

一份房地产项目可行性研究的核心依据是可行性研究报告必不可少的部分。一般来讲，一个项目在做正式的可行性研究时，必须有政府有关部门的相关批准文件。比如，规划选址意见书、土地批租合同、土地证、建筑工程许可证等。项目报告的专职研究人员须依照委托书和上述政府文件及相应的法律、法规，方能编写出一份切实可行的项目可行性研究报告。

### 2.1.6 报告附图

一份完整的市场可行性报告还包括以下4类附图：

① 项目位置图；

② 项目所在区域地形图；

③ 规划红线图；

④ 设计方案平面图。

有的项目还要求附带项目所在地区或城市的总体规划图等重要附图，以确保报告论证的针对性和科学性。

## 2.2 可行性研究报告的整体结构及逻辑要求

可行性研究报告正文是报告最重要也是最难的核心部分，不但内容多，而且需要的信息和数据也比较复杂。对这个部分也要分类梳理，按专题和专业性要求撰写。

### 2.2.1 项目概况撰写

项目可行性研究市场报告的核心内容包括以下8项：

① 撰写可行性研究报告的背景；

② 研究项目的名称、性质、地址、周边市政配套和基础设施现状，交通及周围环境等；

③ 委托方的名称、地址、法人代表、营业执照登记号及联系人；

④ 受托方的名称、地址、法人代表、营业执照登记号及联系人；

⑤ 可行性研究的目的；

⑥ 可行性研究报告的撰写人员名单；

⑦ 可行性研究报告的撰写依据；

⑧ 可行性研究报告的假设条件和撰写说明。

### 2.2.2 市场调查分析

可行性研究报告的市场调查分析部分包括4个方面：

① 项目宏观经济分析和调查；

② 区域和微观市场分析和调查；

③ 市场未来供给、需求预测；

④ 未来市场价格预测。

市场调查分析属于一级市场研究方法，撰写这部分内容，需要从不同角度去研究目标事物，要做两类分析，即定性分析和定量分析。

定性分析即对一部分样本进行调研以判断和分析事物的性质、属性，目的是判断和确定所分析因素有什么特征。

定量分析即把某事物在某个方面的量确定下来，目的是统计分析目标数据，最终得到有可信度的计算结果。简单说，就是项目开发过程中，企业种多少数量的"因"，能结多少数量的"果"。

### 2.2.3 规划设计方案

可行性研究报告的规划设计方案部分，要求写清楚项目规划设计方案及建设过程中的2项内容：

① 是否具备要求的市政条件，包括水、电、煤、卫、通信、供暖（部分地区）；

② 道路的配套情况，在可行性研究报告中，还必须同时提供这些市政条件具备与否的书面文件。

### 2.2.4 建设方式和建设进度

项目建设方式和建设进度，指的是报告撰写者对项目建设方式的委托方案提出专业建议，或是由委托方先于报告撰写者提供建设方式和进度安排。这些建设方式和进度安排一旦确定，报告撰写团队就要按照该方式和安排为项目后续的投资估算进行准备。

### 2.2.5 投资预算和资金筹措

可行性报告的投资预算和资金筹措部分，需要撰写3类内容：

① 项目建设过程中确定会发生的各项费用；

② 逐一计算资金筹措部分的详细金额和条目；

③ 就整个项目的投资额和相应支付时间做出融资安排，如自有资金、贷款和预售收入3种主要资金来源的融资安排等。

### 2.2.6　项目财务评价

可行性报告的项目财务评价部分，要求写出主要财务评价指标的计算结果，如净现值、现值指数、内部报酬率和动态回收期等。

### 2.2.7　风险分析

可行性报告风险分析部分包括3类计算和敏感分析：
① 计算呆本销售额；
② 计算盈亏平衡点；
③ 计算相应的财务评价指标；
④ 对项目敏感因素做市场有利和不利两种情况下的敏感分析。

### 2.2.8　报告结论

可行性报告的结论部分要求写出该项目可行性研究的结论，必须明确说明2点：
① 项目是否可行；
② 项目是否具有较强的抗风险能力。

### 2.2.9　有关建议

可行性研究报告在最后，还要出具一份报告建议，即撰写人员在可行性研究中发现的有利于项目获得更佳经济效益、社会效益、环境效益等方面的建议，供委托方参考使用。

### 2.2.10　报告附表

报告附表是指可行性研究报告中所涉及的诸多计算表，如投资匡算表、销售收入表、资金筹措表、利息计算表、现金流量表、敏感性分析计算表等。

房地产住宅开发项目策划人必须深入研究房地产项目的实际情况，运用 SWOT 分析方法做具体分析，并对不同项目进行比较，以便得出两个结论：

① 确定技术上合理、经济上合算的最优方案和最佳时机；
② 对项目预案进行论证分析，并得出具体的结论。

## 2.3 可行性研究报告的 8 大核心内容

可行性研究报告是专业度很高的市场分析报告，每个板块的内容撰写都有严格要求和规范性要求。总结起来，一个房地产项目的可行性研究报告包括 8 大核心内容：

① 深入分析项目背景因素；
② 总结项目宗地情况；
③ 项目法律及政策性风险；
④ 区域市场特征分析；
⑤ 项目规划与开发要点分析；
⑥ 投资收益分析；
⑦ 人力资源管理配置；
⑧ 项目可行性分析的结论结构。

### 2.3.1 项目背景分析

项目背景分析主要综合项目的内外部两大因素，包括项目决策提出理由、前期工作发展过程、投资者意向、投资必要性等。将提出的背景及发展概况进行系统叙述，说明提出背景、投资理由、在可行性研究前进行的工作及成果、重要问题决策和决策过程等。另外，提示本项目可行性研究的重点和问题。

（1）外部因素

项目外部因素包括两大类：

① 城市发展规划、宗地关系、项目开发影响，如交通捷运系统规划与建设、城市功能规划与布局、即将颁布的重大政府政策等；

② 宗地所属地域在该城市的历史、经济、文化、战略发展等方面的地位，如项目所在城市市区图、经济发展图等。

### （2）内部因素

研究分析房地产项目的内部因素，其意义在于项目立项。

项目内部因素分析价值包括4个方面：

① 确定项目启动后未来几年内（一般是3～5年）的发展规划战略意义；

② 确定项目进入重点区域市场后的合理布局；

③ 提高市场覆盖率、提升品牌形象、降低经营风险及扩大社会影响力；

④ 影响项目的未来利润需求和可持续经营战略。

## 2.3.2 宗地分析

房地产项目宗地分析的内容包括6点：

① 宗地位置介绍；

② 现状分析；

③ 周边配套分析；

④ 周边环境分析；

⑤ 市政配套设施分析；

⑥ 开发规划控制要点及土地价格分析等。

这6方面内容是互相紧密联系的关键点，能帮助房地产策划人深入了解宗地情况，进一步做好项目规划发展等核心事宜。

### 2.3.2.1 宗地位置

项目宗地所处城市、行政区域、非行政区域（经济开发区、商贸金融区）、区域地段的地理位置是一个房地产项目进一步发展的关键因素。

宗地位置研究的具体工作包括：

① 分析项目在该城市的区位图、片区规划图；

② 标出与标志性市政设施、建筑物（如市中心商圈、机场、火车站等）的相对位置和距离；

③ 地段定性描述（与主要中心区域办公、商务、政务部门的位置关系）。

### 2.3.2.2 宗地现状

房地产项目的宗地现状分析包括以下内容（表2-1）。

表2-1　宗地现状分析及内容要求

| 宗地现状 | 内容要求 |
| --- | --- |
| 四至范围 | 即四周权属界线，向东至哪里，向西至哪里，向南至哪里，向北至哪里；四个方向的界限要有一定标志性和百姓认可性，能形象指明具体位置 |
| 地势状况 | 平坦状况，自然标高与周边地势的比较 |
| 地面现状 | 包括宗地内是否有水渠、较深沟壑（小峡谷）、池塘及高压线等对开发有较大影响的因素，计算因此而损失的实际用地面积 |
| 地下情况 | 包括管线、地下电缆、暗渠、地上建筑物原有桩基及地下建筑、结构等，地上地下注意是否有受保护的历史文物古迹、可利用构件 |
| 土地完整性 | 是否有市政代征地、市政绿化带、市政道路、名胜古迹、江河湖泊等因素分割土地 |
| 地质情况 | 包括土地结构、承载力、地下水位和抗震性要求 |
| 规范要求 | ①需要附平面地形图；<br>②需要标志四至范围及相关数据；<br>③地形地貌图要能反映宗地地面建筑、河流、沟渠、高压线等内容；<br>④地下状况图中要标出地下管线、暗渠、电缆等 |

#### 2.3.3.3　周边配套

① 项目周边3000米范围内及3000米外可辐射到的社区配套。包括交通设施、教育设施、医疗设施、商业设施、文娱设施、金融设施及其他。

② 项目周边环境分析根据个案具体情况研究。包括治安情况、空气状况、噪声情况、污染情况（如化工厂、河流湖泊污染等）、危险源情况（如高压线、放射线、易燃易爆物品生产或仓储基地等）、周边景观（如山河江湖、旅游度假区等景观）、近期或规划中周边环境的主要变化（如道路的拓宽，工厂的搬迁，大型医院、学校、购物中心、超市的建设等）及其他（表2-2）。

表2-2　房地产项目周边配套分析

| 分析点 | 分析内容 |
| --- | --- |
| 交通设施 | ①公交系统情况，包括主要线路、行车区间；<br>②出行主要交通方式，是否需要开发商自己解决；<br>③现有交通捷运系统，近期或规划是否有地铁、轻轨等工程；<br>④附交通状况示意图，包括现有和未来规划的城市公共交通系统 |
| 教育设施 | 大中小学及其教育质量情况 |
| 医疗设施 | 医院等级和医疗水平 |
| 商业设施 | 大型购物中心、主要商业区和菜市场 |
| 文娱设施 | 酒店、宾馆、休闲中心、电影院、图书馆、体育场、广场、公园等 |

（续表）

| 分析点 | 分析内容 |
| --- | --- |
| 金融设施 | 银行、保险公司、信用合作社等金融机构及其业务情况 |
| 其他 | 邮局、社区等 |

#### 2.3.3.4 市政设施分析

房地产项目市政附属设施与宗地建设规模相配、协调，组织参建主体和市政管理处、水厂、管道燃气公司、电力、通信、物业管理等单位相关人员进行图纸会审。市政配套设施分析的主要内容，见表2-3。

表2-3 房地产项目市政设施分析表

| 分析点 | 分析内容 |
| --- | --- |
| 道路情况 | 现有路幅、规划路幅、规划实施的时间、与宗地的关系（影响）等 |
| 供水设施 | 现有管线、管径及未来规划和实施时间 |
| 排水设施 | 现有管线、管径及未来规划和实施时间 |
| 供电设施 | 现有管线、上源位置、距宗地距离、涉及线路成本等 |
| 通信设施 | 现有管线、上源位置、距宗地距离、涉及线路成本等 |
| 供气设施 | 现有管线、上源位置、距宗地距离、接口位置 |
| 供热设施 | 现有管线、上源位置、距宗地距离、接口位置 |
| 附图 | 说明上述配套设施管线走向、容量和接口位置及未来规划扩容和增加情况 |

#### 2.3.3.5 开发规划分析

户型面积大小规划和户型优劣是房地产产品销售计算的基本尺度，是判断产品品质的关键点。住宅楼盘开发规划中所指的面积主要包括：居住面积、使用面积、建筑面积、得房率、花园面积、面积配比和格局配比等。

（1）面积规划分析

面积规划有以下3类内容：

① 占地面积；

② 规划总建筑面积、住宅建筑面积，公共建筑面积及内容，区分经营性和非经营性公共建筑面积；

③ 容积率、建筑密度、绿化率等。

（2）成本控制分析

在房地产项目的开发规划环节中，成本控制的权重最大。在开发规划环节，进行成本控制是实现事前控制的关键,目的是最大限度减少事后变动带来的成本。成本控制的分析对象主要包括以下6类(表2-4)。

表2-4 房地产项目规划成本控制

| 控制要点 | 详细内容 |
| --- | --- |
| 规划方案 | 包括可行性规划设计、方案评审、设计成果及投资预算 |
| 报批设计 | 包括设计方案、报批 |
| 扩初设计 | 包括扩初设计要求、成本概算、制定经营指导书、扩初设计图及设计调整 |
| 桩基设计 | 包括地质勘察、设计方案评审及桩基施工图 |
| 施工图设计 | 包括施工图设计要求、报建、施工配合、面积测算 |
| 销售包装设计 | 结合营销费用控制施工招投标 |
| 装修方案设计 | 包括方案设计要求、材料设备选型、制定装修设计成本计划明细表及招投标 |
| 功能设计 | 包括小区建筑物经济评估、市政配套方案、环境方案设计、智能化设计、招投标及销售承诺 |
| 设计变更 | 设计调整费用、设计变更洽商 |
| 材料设备 | 包括选型、方案确定时间、采购及其他费用 |

### 2.3.2.6 土地价格分析

产品价格是房地产项目中最基本、最活跃、最便于调控的因素。土地价格俗称地价,即土地买卖时的价格。地价的本质是地租资本化。地价高低取决于地租高低和利息率大小。影响地价的两大主要因素是土地所有权和使用日期。

地价的类型可以分为4种(图2-1)。

① 按权利分类:分为所有权价格、使用权价格、租赁价格、抵押价格等。

② 按形成方式分类:分为交易价格和评估价格。

③ 按政府管理分类:分为申报地价和公告(示)地价。

④ 按表示方法分类:分为土地总价格、单位面积地价和楼面地价等。

另外,市场可行性报告在简述土地价格计算方法时,若需要征地,则要说明待征地的价格,再根据购买价格计算总地价、楼面地价。

## 2.3.3 政策法律风险分析

在房地产项目的可行性研究中,充分认识和预防法律政策性风险是关键。房地产行业开发周期长,开发环节多,任何一个环节一旦出现法律风险都会带来巨大

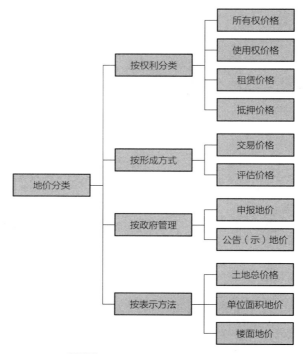

图 2-1  地块价格的 4 种分类方式及内容

损失。

房地产项目开发的政策法律性风险分析有 3 个方面：法律手续分析、合作风险分析、项目开发风险分析。

**（1）法律手续分析**

房地产开发是复杂的社会经济活动，企业运营的法律风险点非常多。我国法律对房地产开发企业的投资开发，规定了非常严格的手续条件。

① 企业除具备公司法规定的基础条件外，还要具备一定规模的注册资本和专业技术人员。

② 国家对房地产开发企业实行一般的工商行政管理外，还设置不同开发资质等级，房地产开发企业须按核定资质等级开发相应的项目。

③ 房地产开发企业取得土地使用权的合法方式是出让（招标、拍卖、挂牌）、转让、合作开发、收购房地产项目公司等。企业要规避的风险有：政策及法律法规的变化、政府规划方案变更、土地使用权出让合同对土地使用限制的风险以及"招、拍、挂"过程中的法律风险。

**（2）合作风险分析**

合作开发是房地产项目开发中很常见的方式，对合作方式及风险进行分析也是可行性市场报告中的关键内容之一。常规的合作风险分析一共有4个步骤。

① 合作方介绍。包括公司名称、规模大小、主要股东投资情况、注册资本、成立时间、特殊背景等。

② 合作方式分析。合作方式有多种方式，如一次性买断土地、建后分房（面积）、建后分销售收入、建后利润分成、共同设立项目开发公司等。以上合作开发除直接从政府批租土地外，其余几种方式都需要明确合作方保证能提供正规税务发票，明确合作过程销售环节的房源分配、收入分配的比例，明确合作方是否要承担营业税义务。

③ 付款进度及与拿地程序配合要求。要对开发商与合作方在付款、拿地等环节的配合要求上进行详尽阐述。

④ 合作风险评估。从合作背景、土地使用年限、土地权属情况、付款进度与土地手续的配合、其他与土地政策相关规定等方面进行详细分析。

**（3）项目开发风险分析**

房地产开发过程中会存在风险，项目开发风险分析主要是对各项法律程序的可操作性、合法性、风险可控性进行评价。主要分析内容包括4类。

① 项目用地现状分析。内容包括土地所有权归属、土地使用权归属、土地的他项权益、土地用途、项目用地现状分析。

② 项目用地规划分析。内容包括规划用途和规划批文。

③ 项目用地取得土地使用权程序分析。内容包括取得土地使用权程序、取得土地使用权需要的工作日时长、取得土地使用权的风险及控制。

④ 政策性风险分析。对城市规划受到限制或更改、突发性政策等政府因素导致项目中断开发、报批报建流程无法完成、项目开发期间土地性质变更受挫造成的前期投入全部或部分损失的可能性判断。

项目开发风险分析的目的主要是控制不利因素：

① 项目的签约合同对开发方的不利条款及考虑；

② 部分或全部条款存在不确定性因素控制；

③ 不利、不确定条款可能遭受损失和对开发进度的影响等。

总体说来，项目开发风险分析中，细则最多的有3大类，如表2-5所示。

表2-5 房地产项目开发风险评估内容

| 风险评估项 | 评估的核心内容 |
| --- | --- |
| 土地使用权出让过程中的法律风险 | ①政策及法律法规变化；<br>②政府规划方案变更；<br>③土地使用权出让合同对土地使用权进行限制的风险（包括规划指标、开发期限、转让、用途等限制）；<br>④招、拍、挂过程中的法律风险；<br>⑤民法典中关于土地使用权分层设立地役等的制度变化；<br>⑥房屋拆迁及土地平整；<br>⑦土地使用权被政府收回的法律风险 |
| 土地使用权转让过程中的法律风险 | 转让合同无效、权属瑕疵、转让变更登记过程等风险 |
| 土地使用权合作开发及收购房地产项目风险 | ①合同或股权转让合同被认定无效；<br>②使用权存在瑕疵（如土地出让金、土地闲置费未交清、土地存在抵押担保、存在权属争议或可能发生纠纷等）；<br>③房地产项目公司或有负债；<br>④虚假出资；<br>⑤收购项目公司有在建工程（如土地问题、项目问题、工程问题）的风险 |

## 2.3.4　区域市场特征分析

房地产市场有很强的区域性特征，因此，对房地产市场的分析或观察特别讲究针对性和具体化，不能笼统概括。

在一份住宅开发项目的市场策划报告中，区域市场特征分析有3大关键（图2-2）：

① 区域市场成长状况分析；

② 供应产品特征分析；

③ 区域市场定位分析。

（1）区域市场成长状况分析

区域市场成长状况包括两大部分：区域市场概况简述和区域市场各项指标成长状况分析。

区域市场概况简述主要是指区域市场的发展形成历史、同类产品分布、购买人群分布。区域市场各项指标成长状况分析主要有3类：开工量、竣工量；销售量、供需比；平均售价走势。

第 2 章 | 房地产项目前期可行性研究报告的撰写策略 |

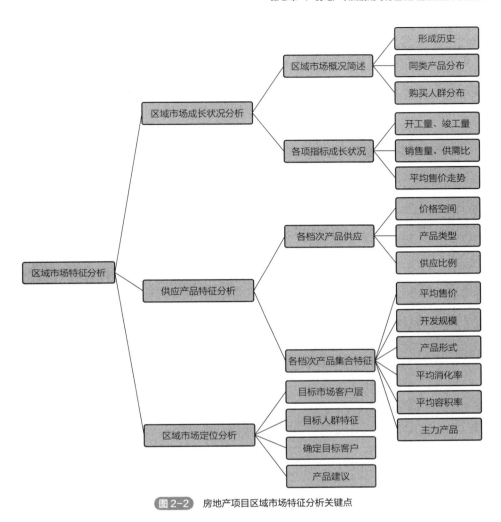

图 2-2 房地产项目区域市场特征分析关键点

（2）供应产品特征分析

进行区域市场内供应产品特征分析要包括 2 部分：

① 各档次产品供应状况分析，包括价格空间、产品类型、供应比例；

② 各档次产品集合特征分析，包括平均售价、开发规模、产品形式、平均消化率、平均容积率、主力产品。

另外，区域市场内个案状况分析要包括以下 3 点内容：

① 介绍附带项目周边楼盘个案图，尤其是具有代表性、竞争性楼盘的产品配置和现场图片；

② 从产品形式、项目规划、主力产品、营销推广、均价等方面分析区域内其他楼盘；

49

③ 对竞争楼盘进行分析后，总结其市场亮点与运营不足。

（3）区域市场定位分析

区域市场定位分析包括4大部分：

① 目标市场客户层特征分析，归纳总结各类型目标客户层特征，包括其购买动机、购买偏好、生活态度、生活品质需求、消费观等；

② 项目目标人群特征分析，包括目标人群来源区域、行业特点、购买方式和偏好、主要关注点和诉求点等；

③ 确定目标客户，主要交代项目目标客户；

④ 产品建议。

基于以上4方面分析，对项目产品从建筑形式、风格、容积率等方面提出优化和可行性建议。

## 2.3.5 规划与开发分析

房地产项目的规划与开发建设是区域市场建设的关键部分，是最能带动区域综合竞争力和辐射力的因素。项目市场报告中的规划与开发分析要具备5个要点：

① 项目规划设计思路分析；

② 规划设计可行性分析；

③ 开发机遇分析；

④ 开发周期分析；

⑤ 销售周期管控。

### 2.3.5.1 项目规划设计思路分析

项目规划设计思路分析的主要内容包括4点。

① 项目产品。内容要体现项目产品主题思想、设计风格、设计特点。

② 产品类型。内容要体现产品是多层、高层、联排别墅或屋顶花园、顶层复式等类型，及不同类型产品的比例。

③ 节能环保型建筑材料选用。内容要说明项目建设将选用的新技术、新材料及其标准。

④ 生产新型产品的可能性。内容要说明所在城市中是否有生产新型、别具一格产品的可能性，并进行客观分析。

## 2.3.5.2 规划设计可行性分析

规划设计可行性分析要从8个方面入手。

**（1）产品可能性判断**

从规划设计角度判断产品可能性。在既定容积率、净用地面积、限高、建筑密度等条件下，制造出什么类型及特性的产品，是否符合前面提及的规划设计概念和企业所追寻的各种档次或高品质住宅要求。

**（2）转化成产品的可能性**

从规划设计角度判断将规划设计中的硬指标转化成现实产品的可能性。

**（3）容积率影响力**

容积率变化对产品设计概念、产品类型和特征的影响。主要包括简述项目拟订的容积率，并说明容积率变化对产品设计概念、产品类型和特征的影响。

**（4）土地影响力**

土地本身特征对产品设计的影响。如地势高低、地形起伏、地块完整性、地质状况、较深沟壑（小峡谷）、河流、水塘、地上附着物、地下管线暗渠等对产品设计和环境保护的影响及解决方法。

**（5）周边自然环境和人文环境影响力**

周边自然环境和人文环境对产品设计的影响及考虑。如治安环境、噪声环境、污染环境、空气状况、危险源等因素对产品规划设计和环境保护的影响及解决方法。

**（6）周边市政工程配套影响力**

周边市政工程配套设施对产品设计的影响和考虑。如道路状况（可能与小区主要出入口有关）、供水、排水、通信（有线电视、电话、网络）、永久性用电和临时施工用电、燃气、供热及生活热水等对产品规划设计的影响及解决方法。

**（7）周边生活配套设施**

周边生活配套设施对产品设计的影响和考虑。根据交通状况（与是否开通业主班车有关）、商业设施（大型购物中心）、教育设施、体育娱乐公园等休闲场所、银行医院等生活设施对自身配套建设规模和面积做出判断。

**（8）市场分析结果影响力**

市场分析结果对产品设计的影响和考虑。如市场价格限制、总价控制原则与前面的产品类型和产品特性设计是否存在矛盾，对产品品质是否有影响，以及如何解决。

#### 2.3.5.3 开发机遇分析

开发机遇分析主要是指分析当前房地产行业的产业调控主体思路，企业和项目因此建立和完善长效机制，为项目运作实现因城施策、分类指导。开发机遇分析主要包括以下4个方面（图2-3）。

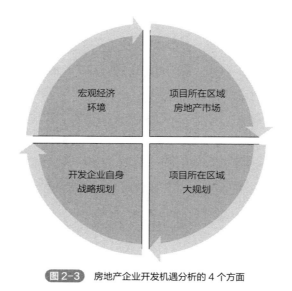

图2-3 房地产企业开发机遇分析的4个方面

① 宏观经济环境。土地和金融两大政策对房地产开发有关键性作用，由于房地产开发资金需求量大，完全依靠自有资金周转行不通，通常要使用外界资金，因此金融政策的作用就凸显出来。并且，国家土地政策规定的土地价格高低直接影响房地产开发成本。

② 项目所在区域房地产市场。对地块的价值、投资开发环境、市场供需状况、市场竞争状况等各种市场变量进行分析和研究，以及对项目进行整体可行性分析，并对市场定位提供依据，回避风险。

③ 项目所在区域大规划。进行规划定位，分析选择宏观和微观区位调查。进行规划定性，确定开发内容和主题。进行规划定量，分析开发规模、建设规模与投资。

④ 开发企业自身战略规划。影响房地产行业发展趋势的主要因素包括行业发展基本框架、行业政策及短期压力3个因素。开发公司布局战略包括投资与区域布局逻辑或有新考量、产品与服务体系迭代升级、更新运营模式与运营体系。

## 2.3.5.4 开发周期分析

国家调控政策不断敦促房地产企业加快开发节奏，防止房地产企业囤积土地，每个房地产企业都要根据自身运营去控制项目开发周期。合理安排企业付款计划和资金预算。

**（1）项目开发周期时间论证**

在房地产项目开发周期时间的论证中，把开发周期分为3个阶段：项目定位阶段、方案设计阶段（含扩初与施工方案设计）、政府报批报建阶段。3个阶段所需要的论证时间各不相同（表2-6）。

表2-6 项目定位及方案设计阶段基准时间

| 阶段 | 节点计划 | 基准时间/天 | 备注 |
| --- | --- | --- | --- |
| 项目定位阶段 | 项目定位（企业评审通过） | 20 | 项目定位起算时间以集团风控会审批通过为准。项目定位阶段完成售楼处、样板房及示范区选址 |
| 方案设计阶段 | 概念方案设计（企业评审通过） | 25 | 定位完成至概念方案通过评审。项目地勘单位进场勘查 |
| | 方案设计完成（具备方案报批要求） | 30 | 售楼处、样板房及展示区设计同步进行，相关图纸在拿地前完成，具备拿地即开工的条件 |
| | 取得方案批复 | 40 | 方案批复阶段，桩基单位选定并具备进场施工条件 |
| | 扩初、施工图设计取得施工审图合格证 | 55 | 方案批复至取得首开区施工图审图合格证，扩初图及施工图设计穿插进行 |
| 报批报建阶段 | 取得工程规划许可证、施工许可证 | 25 | 工规证与施工图审查穿插，在确认平立剖图纸无问题后，开始工程规划许可证报审。审图合格证取得后25天取得施工许可证 |
| | 摘牌后至报建取得施工许可证 | 150 | 正式摘牌至取得施工许可证 |

**（2）工程线时间论证**

编制房地产项目市场报告，需要设定基准工期（表2-7～表2-11）。此时要考虑3个维度：

① 拿地模式、地块大小影响开工前的工期；

② 开发不同类别产品对应着不同工期；

③ 不同施工方式和客观条件会对工期造成影响。

表2-7 不同拿地模式所需基准工期

| 拿地模式 | 基准工期 |
| --- | --- |
| "招、拍、挂" | 4个月开工，7个月开盘 |
| 收购和并购二地 | 2个月开工，5个月开盘 |

表2-8 不同地块的房地产项目基准工期

| 地块体量 | 前期参考工期/天 | | | | | 刚性指标/月 | |
| --- | --- | --- | --- | --- | --- | --- | --- |
| | 项目定位企业内评审通过 | 方案设计企业内评审通过 | 方案设计批复 | 招标施工图出图（设计院提交 第一版蓝图） | 施工单位定标 评审通过 | 拿地至开工 | 拿地至首次开盘 |
| 小地块 | 20 | 40 | 60 | 桩基施工图20 | 桩基20 | 6 | 10 |
| | | | | 总包施工图40 | 总包30 | | |
| 大地块 | 30 | 50 | 60 | 桩基招标施工图20 | 桩基20 | — | — |
| | | | | 总包招标施工图40 | 总包30 | | |

注：1. 快周转项目要求获取土地后6~8个月内开工。
2. 小地块指总建筑面积30万平方米以内的地块。
3. 大地块指总建筑面大于30万平方米的地块。

具体来说，分析一个房地产项目的工程工期，要计算3个阶段所需要的时间：开发前期工期时间、施工期控制时间、施工调整时间。

住宅类房地产项目的开发总工期是这3段工期之和。即"开发前期工期时间＋施工期控制时间＋施工调整时间"。

表2-9 房地产项目开发前期工期时间

| 所处阶段 | 基准时间/月 | 时间变动说明 |
| --- | --- | --- |
| 初步定位 | 1.5 | ①进入城市的新项目加15天<br>②可复制项目减15天<br>③规模较大楼盘加15天 |
| 规划阶段 | 2 | ①设计竞赛加30天<br>②争取规划条件可适当延长 |
| 方案阶段 | 2.5 | ①产品可复制减30~40天<br>②中小盘项目"规划＋方案"合并基准时间为3.5个月，可复制项目为3个月 |
| 初步设计 | 2 | ①复制项目：减15天<br>②精装修加15天 |
| 施工图设计（含施工图审查） | 2 | 施工需要，可分批出图 |

表2-10 房地产项目施工期控制时间

| 产品类型 | 层数 | 桩基、土方及基坑支护 阶段工期 | 基础垫层混凝土施工至出±0/天 | | | 主体结构工程封顶所需时间/天 | | | 结构封顶至外装饰完成和外架落完时间/天 | | | 毛坯房外架落至竣工备案、交房/天 | 精装修施工前置（落完外架） | 精装修施工至竣工备案、交房/天 | 毛坯房开工至竣工备案、交房/天 | 毛坯房开工至竣工备案、交房/月 | 精装修房开工至竣工备案、交房/天 | 精装修房开工至竣工备案、交房/月 |
|---|---|---|---|---|---|---|---|---|---|---|---|---|---|---|---|---|---|---|
| | | | 基础结构 | 地下室层数 | 进度/(天/层) | 阶段工期 | 进度/(天/层) | 阶段工期 | 落架（封顶后） | 进度/(天/层) | 阶段工期 | | | | | | | |
| 别墅 | 3 | 60 | 30 | 1 | 20 | 50 | 12 | 36 | 80 | 4 | 92 | 180 | — | — | 418 | 14 | — | — |
| 多层洋房 | 4 | 60 | 30 | 1 | 20 | 50 | 12 | 48 | 80 | 4 | 96 | 180 | 0 | 210 | 434 | 14 | 464 | 15 |
| | 6 | 60 | 30 | 1 | 20 | 50 | 7 | 42 | 80 | 4 | 104 | 180 | 0 | 210 | 436 | 15 | 466 | 16 |
| 小高层（7~10层） | 7 | 60 | 30 | 1 | 20 | 50 | 6 | 42 | 80 | 4 | 108 | 180 | 0 | 210 | 440 | 15 | 470 | 16 |
| | 10 | 60 | 30 | 1 | 20 | 50 | 6 | 60 | 80 | 4 | 120 | 180 | 0 | 270 | 470 | 16 | 560 | 19 |
| | 11 | 60 | 30 | 1 | 20 | 50 | 6 | 66 | 80 | 4 | 124 | 180 | -30 | 270 | 480 | 16 | 540 | 18 |
| 高层（11~33层） | 18 | 60 | 30 | 1 | 20 | 50 | 6 | 108 | 80 | 4 | 152 | 180 | -30 | 270 | 550 | 18 | 610 | 20 |
| | 24 | 60 | 40 | 1 | 20 | 60 | 6 | 144 | 80 | 4 | 176 | 180 | -30 | 270 | 620 | 21 | 680 | 23 |
| | 30 | 60 | 40 | 1 | 20 | 60 | 6 | 180 | 80 | 4 | 200 | 180 | -30 | 270 | 680 | 23 | 740 | 25 |
| | 33 | 60 | 40 | 1 | 20 | 60 | 6 | 198 | 80 | 4 | 212 | 180 | -30 | 300 | 710 | 24 | 800 | 27 |
| 超高层（100米以上） | 40 | 60 | 40 | 1 | 20 | 60 | 6 | 240 | 80 | 4 | 240 | 180 | -30 | 300 | 780 | 26 | 870 | 29 |

表2-11 房地产项目施工调整时间

| 调整项目 | 工期拟调整/天 | 调整说明 |
| --- | --- | --- |
| 桩基、土方及基坑支护增加工期 | | ①桩基、土方及基坑支护工程因为受地质情况影响较大，浅基础一般为15天，一般根据工程具体情况在30~120天内为合理设置；<br>②标准工期一层地下室土方开挖及边坡支护工期按30天；<br>土方开挖每增加1层地下室，工期增加20天 |
| 裙楼/架空层 | | 1层裙楼工期增加5天，2层裙楼增加10天，以此类推 |
| 结构转换层 | | 结构转换层增加20天/层 |
| 斜屋面 | | 斜屋面增加15天 |
| 主体结构过度差 | | 最快批次与最慢批次主体结构进度差增加30~60天 |
| 春节及冬季影响 | | 跨春节及冬季，南方按增加30天/年，北方暂按增加80天/年 |
| 雨天（含台风）影响 | | 雨天按增加20天/年考虑 |
| 建筑体形系数复杂 | | 可酌情考虑增加工期为：施工标准总工期的5%~10% |
| 地形地貌特殊 | | 可酌情考虑增加为：施工标准总工期的10%~15% |
| 其他 | | 因项目或当地的特殊情况需增加工期 |
| 小计 工期调整值 | | 此栏折算后四舍五入取整月 |

## 2.3.5.5 销售周期管控

从房地产销售特征来看，房屋的销售面积、房价环比变动及企业新增债务模式几乎是同涨同跌的关系。一个房地产项目从启动到销售完毕，销售动作会始终贯穿全程。

房地产项目整个销售流程按购房顺序分为5个阶段：

① 内部认购；

② 开盘销售到签订认购书；

③ 签订购房合同；

④ 业主验房收房；

⑤ 办理不动产权证。

一份房地产项目市场报告，要严格按项目销售流程体现房地产开发的销售管控或销售周期管理，以下3点在整个销售过程中保持环环相扣：

① 从案场展示到销售动线；

② 从示范区表现到营销活动；

③ 从推广包装到说辞口径。

房地产项目销售周期内容管理还包括3类内容：

① 各周期销售时间、价格、面积；

② 预计销售各周期市场占有率；

③ 实现销售计划的可行性研究。

## 2.3.6 投资收益分析

房地产新项目投资收益测算需要各部门配合完成，如设计部提供强排指标、成本部提供各项成本、营销部提供售价和回款节奏、运营部提供关键节点等。精准测算项目投资收益分析，包括5大环节（图2-4）。

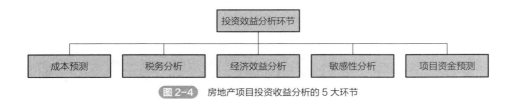

图2-4 房地产项目投资收益分析的5大环节

### 2.3.6.1 成本预测

房地产开发成本是一个项目成本管理的红线，重要程度不言自明。房地产项目的成本预测要本着两个原则执行：①不能重复，也不能遗漏；②准确合理。

**（1）项目成本构成**

房地产项目的总成本主要可分为土地费用、建筑安装费用、前期工程费用、基础设施配套费用、期间各类管理费用、税金及不可预见费用等（表2-12）。

表2-12 房地产项目总费用构成

| 成本构成 | 预测标准 | 含义 |
| --- | --- | --- |
| 土地费用 | 以土地成交价格为准 | 土地成交价格、征地费、安置费及原有建筑物的拆迁补偿费 |
| 建筑安装费用 | 根据装修程度不同而不同 | 在开发过程中按建筑安装工程施工图施工所发生的各项建筑安装工程费和设备费 |

（续表）

| 成本构成 | 预测标准 | 含义 |
|---|---|---|
| 前期工程费用 | 以实际支付为准 | 指开发前发生的规划、设计、可行性研究，以及水文地质勘察、测绘、场地平整等费用 |
| 基础设施配套费用 | 以实际支付为准 | 指在开发小区内发生，可计入土地、房屋开发成本的不能有偿转让的公共配套设施费用，如锅炉房、水塔、居委会、派出所、幼托、消防等 |
| 管理费用 | 按项目总投资的2%～3.5%计 | 包括人员工资、办公费用、办证费用、杂项开支等，此费用根据各公司实际的管理水平按比例计算 |
| 销售费用 | 按总销售收入的2%～3.5%计 | 广告宣传费用、样板房费用、销售人员工资、销售提成等开支内容，要根据不同的项目内容分析计算 |
| 财务费用 | 以实际为准 | 房地产开发企业为筹集资金而发生的各项费用，包括借款和债券的利息、金融机构手续费、保险费、融资代理费、外汇汇兑净损失及企业为项目筹资发生的其他财务费用 |
| 企业税金 | 以实际缴费标准为准 | 房产销售需要缴纳的税费，主要指营业及附加费、交易服务费、印花税、各项基金、土地增值税，并考虑企业所得税 |
| 不可预见费用 | 按总投资的2%～3.5%计 | 指房地产企业内部独立核算单位及为开发而发生的各项间接费用，如特殊地质情况、物价上涨、市场压力、工程、风险等费用，还有现场管理机构人员工资、福利费、折旧费、办公费、水电费、劳动保护费、周转房摊销等 |
| 修理费用 | 按既定比例计 | 指以出租或自营方式获得收益的房地产项目在经营期间发生的物料消耗和维修费用 |

以上内容的成本测算，可以采取分项测算，也可以采取汇总测算。

（2）成本预测方法

房地产项目成本预测主要有4种方法：①根据以往操盘项目的区域相似度，按照定位相似项目的成本经验预测成本；②根据项目预计售价和预期销售利润反向确定项目成本；③借鉴其他房地产公司相同地区相似定位的项目成本预测经验；④聘请第三方造价咨询企业提供本类项目的实际数据。

成本预测要能说明测算前提和主要运用指标，如产品类型、总建筑面积等。如表2-13所示。

表2-13　房地产项目成本估算

| 成本项目 | 总建筑面积 | 可售成本/万元 | 建筑单位面积 | 可售单位面积 |
|---|---|---|---|---|
| 土地费用 | | | | |
| 前期工程费用 | | | | |
| 建筑安装工程费用 | | | | |

（续表）

| 成本项目 | 总建筑面积 | 可售成本/万元 | 建筑单位面积 | 可售单位面积 |
|---|---|---|---|---|
| 开发间接费用 | | | | |
| 不可预见费用 | | | | |
| 管理费用 | | | | |
| 销售费用 | | | | |
| 财务费用 | | | | |
| 建设投资合计 | | | | |

#### 2.3.6.2 税务分析

房地产项目的税费包含两部分：税收和行政性费用。

① 税收。即与房地产开发建设有关的税收，包括房产税、城镇土地使用税、耕地占有税、土地增值税、两税一费（增值税、城市维护建设税和教育费附加）、契税、企业所得税、印花税、外商投资企业和外国企业所得税等。

② 行政性费用。主要是地方政府和各级行政主管部门向房地产开发企业收取的费用。包括诸如征地管理费、商品房交易管理费、大市政配套费、人防费、煤气水电增容费、开发管理费等。上述税种的基本税率，若能享受地方政府的优惠政策，要在市场报告中做出特别说明，即该项优惠与国家政策是否有冲突，如果有则要陈述如何解决和具体解决的操作过程。

#### 2.3.6.3 经济效益分析

任何一种房地产项目的经济测算都是对项目的经济效益分析。目的是评估项目的经济合理性。经济效益分析结论是房地产项目评估的重要组成部分，也是企业投资决策的重要依据。

项目经济效益分析是指项目的总体收益情况分析。需要根据产品售价、成本及税务测算来分析该项目总体经营情况。

经济效益分析关键点在于正确区分效益和费用，以及转移支付。简单说就是项目自身、项目内部发生的各类效益和费用。做项目经济效益分析，要制作出项目开发周期内各年度利润规划表。表格样式和内容可参考表2-14。

表2-14 项目经济效益分析利润

| 经济指标 | ××年 | ××年 | ×××年 | …… | 合计 |
|---|---|---|---|---|---|
| 结算面积/m² | | | | | |

（续表）

| 经济指标 | ××年 | ××年 | ×××年 | …… | 合计 |
|---|---|---|---|---|---|
| 单位利润/（元/m²） | | | | | |
| 利润/万元 | | | | | |

在项目可行性研究中，现金净流量可以代替利润作为评价投资净收益的指标。在企业整个投资有效年限内，项目利润总计与现金净流量是相等的。

房地产项目的经济评价指标有两个大类（图2-5）：

① 核心指标，主要包括内部收益率、销售净利率（或投资利润率）、财务净现值、动态回收期等；

② 参考指标，包括总投资回报率、销售毛利率、获利指数、资金峰值比例、地价支付贴现比及启动资金获利倍数。

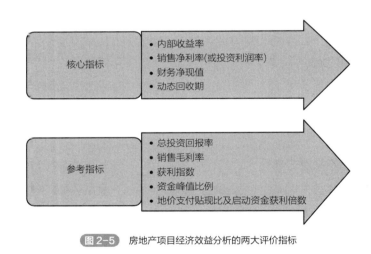

图2-5 房地产项目经济效益分析的两大评价指标

### 2.3.6.4 敏感性分析

敏感性分析是一种从众多不确定性因素中找出对投资项目经济效益指标有重要影响的敏感性因素，并分析、测算其对项目经济效益指标的影响程度和敏感性程度，进而判断项目承受风险能力的不确定性分析方法。其中，成本变动会对各项经济指标产生影响，假设成本每上升（下降）一定金额或上升（下降）一定比率，各项经济指标也会发生变动。具体的变动幅度可参考表2-15。

表2-15　项目成本指标变动情况

| 经济指标 | 预测成本 | 预测成本×95% | 预测成本×90% | 预测成本×105% | 预测成本×110% |
|---|---|---|---|---|---|
| 单位成本/(元/m²) | | | | | |
| 总投资 | | | | | |
| 项目利润 | | | | | |
| 税后利润 | | | | | |
| 销售净利率 | | | | | |

售价变动对各项经济指标的影响，假设售价每上升（下降）一定金额或上升（下降）一定比率，各项经济指标变动情况可参考表2-16。

表2-16　房地产项目售价变动后经济指标变化

| 经济指标 | 预测售价 | 预测售价×95% | 预测售价×90% | 预测售价×105% | 预测售价×110% |
|---|---|---|---|---|---|
| 销售均价/(元/m²) | | | | | |
| 营业收入 | | | | | |
| 项目利润 | | | | | |
| 税后利润 | | | | | |
| 销售净利率 | | | | | |

房地产项目容积率变动会对各项经济分析指标产生影响。假设容积率每上升（下降）一定金额或上升（下降）一定比率，各项经济指标的变动幅度可参考表2-17。

表2-17　房地产项目容积率变动后经济指标变化

| 经济指标 | 容积率1 | 容积率2 | 容积率3 | 容积率4 | 容积率5 |
|---|---|---|---|---|---|
| 可售面积/m² | | | | | |
| 营业收入 | | | | | |
| 总投资 | | | | | |
| 项目利润 | | | | | |
| 税后利润 | | | | | |
| 销售净利率 | | | | | |

#### 2.3.6.5 项目资金预测

现金是企业资产中流动性最强的部分,但现金又是一种非营利性资产,持有量过多会给企业造成较大机会损失。经营性现金流量管理的重点是流动资产管理。

从财务角度看待企业流动资金,其循环流程如下:

① 现金购买库存;

② 库存产生销售;

③ 销售带来应收账款;

④ 应收账款回收为现金。

利润与现金流相比,企业决策者和投资者更关心企业的现金流。在项目资金预测中有两大方面内容。

① 资金流量及有关指标。将项目现金流入、现金流出、净现金流量,以及内部收益率、获利指数、资金峰值比例等数值用表格进行分析。

② 资金缺口及解决办法。结合整个公司资金情况,列示各期资金的需求缺口及融资途径。

### 2.3.7 人力资源管理配置

无论是多大规模的房地产企业,定岗、定编、定员都是人力资源部门的重要工作。

为一个项目做人员配置,主要目的有3个:

① 根据企业或项目实际情况,实现岗位价值最大化,避免缺人、缺岗;

② 根据企业战略规划、行业研究报告结论,实时跟踪排查人员闲置或人力浪费情况;

③ 根据企业的人员效能要求,制定科学合理策略,帮助企业和项目形成动态人员配置标准体系,有效指导人力资源部门和用人部门的工作。

#### 2.3.7.1 项目实际情况

项目实际概况是指市场报告制作单位根据企业要求判断是否需要成立独立法人公司(项目公司),明确企业和项目的实际人力资源配置需要,接下来再根据公司结构进行项目的部门设置。一般房地产企业人力资源配置量化标的选取,要根据企业实际发展阶段和规模选取相应参考标准。项目情况主要看几个标的,如开发量、周期、项目个数、案场数和交房数量、产品定位和类型等。

一份项目市场报告要为企业或项目编制出人力配置计划，评判这份人力配置计划有3个标准：

① 能用行业通行数据评判该计划的配置标准是否合理；

② 计划是否适应企业的实际情况；

③ 计划能否对企业的人力资源管理形成正确的指引标准。

某房地产企业城市公司职能配置模型表，如表2-18所示。

### 2.3.7.2 企业人均效能要求

一个企业人均效能的大小，主要看企业人力资源管理定岗、定编、定员工作做得是否科学合理，人力资源配置是否科学取决于以下3个因素。

（1）企业或项目实际情况配置

即将启动的开发项目从筹备到竣工，主要经历6大重要阶段：项目筹备阶段、策划定位阶段、方案设计阶段、工程施工阶段、营销阶段、交房阶段。人力资源部门的项目人员配置要根据不同的开发阶段，研究分析项目所需的岗位及各专业的人员数量，如项目筹划阶段，项目经理、报批报建，以及人力行政相关人员合理前置，动态调整人力配置。

（2）企业人力效能要求

总体来说，一个房地产项目人员的整体配置和调动要满足企业对人力效能的要求：人员适时配置、同专业人员共享、团队人员平行移动、最大化发挥人力资源。

（3）房地产项目配置标准

一个房地产项目的人力资源配置要符合项目的实际情况，并根据项目实际要求配置（表2-19）：

① 根据项目规模大小确定具体人数，尤其是专业经理等重点岗位的人数；

② 房地产企业现有人员能否满足项目人员配置需要；

③ 缺口人员的解决途径要内外部兼顾：如企业内调动、社会招聘、内部培训提升等。

房地产项目的人员配置步骤有3个标准：

① 方案设计阶段正式开始前，确保项目人员到位；

② 方案设计完成后，公司开始执行直至达到满编以满足工程施工阶段和营销阶段的人员需求；

表2-18 某房地产企业城市公司职能配置模型

| 序号 | 部门 | 职能 | 平均人员配置标准 | 配置模型 | 预算开发面积 | 标准计算人数 | 调整人数 | 调整原因 | 预算人数 | 备注 |
|---|---|---|---|---|---|---|---|---|---|---|
| 1 | 工程 | 工程管理 | 4.3人/10万平方米 | Y＝年度开发总面积×0.2128＋下属项目个数×1.9800 | | | | | | |
| 2 | 设计 | 建筑设计 | 2.2人/10万平方米 | Y＝年度开发总面积×0.1729＋下属项目个数×1.2935 | | | | | | |
| 3 | 成本 | 成本管理 | 1.7人/10万平方米 | Y＝年度开发总面积×0.0463＋下属项目个数×1.4031＋年度房地产总销售面积×0.2921 | | | | | | |
| 4 | | 招标采购 | 1.1人/10万平方米 | Y＝年度开发总面积×0.0500＋年度房地产总销售面积×0.1685 | | | | | | |
| 5 | 市场 | 营销策划 | 3.5人/10万平方米（销售面积） | Y＝年度开发总面积×0.0265＋年度房地产总销售面积×0.0407 | | | | | | |
| | | 销售管理 | 3.7人/10万平方米（销售面积） | Y＝年度开发总面积×0.1013＋年度房地产总销售面积×0.1722 | | | | | | |
| 6 | 报建 | 报建配套 | 0.9人/10万平方米 | Y＝年度开发总面积×0.0505＋下属项目个数×0.3070 | | | | | | |
| 7 | 客服 | 客户服务 | 1.1人/10万平方米 | | | | | | | |
| 8 | 财务 | 财务管理 | 1.8人/10万平方米 | Y＝年度开发面积×0.0610＋城市公司总员工数×0.0212 | | | | | | |
| 9 | 人力 | 人力 | 2.3人/100人（城市公司） | Y＝年度开发总面积×0.0094＋城市公司总员工数×0.0085 | | | | | | |
| 10 | 行政 | 行政支持 | 7人/100人（城市公司） | Y＝城市公司总员工数×0.0552 | | | | | | |
| 11 | | 法律事务 | 1人/50万平方米 | | | | | | | |
| 12 | 后勤 | 信息管理 | 1.3人/100人（城市公司） | Y＝城市公司总员工数×0.0070 | | | | | | |
| 13 | | 其他 | | | | | | | | |
| 合计 | | | | | | | | | | |

③ 交房阶段，只保留少量关键人员，如营销部门保留部分销售客服人员，负责交房问题，财务部门保留部分人员负责清算等工作。

表2-19 某房地产企业人力资源配置

| 正式策划定位前 | 方案设计开始 | 项目竣工验收，销售实现85% | 项目全部交付使用 |
| --- | --- | --- | --- |
| 筹备期 | 开创期 | 成熟期 | 尾盘期 |
| 总经理人选 | 综合部负责人及人员 | 本部门达到满编 | 工程部预决算人员及少量工程人员 |
| 副总经理人选 | 财务部负责人及人员 | 本部门达到满编 | 财务部基本满编 |
| 综合部经理 | 工程部负责人及人员 | 本部门达到满编 | 综合部根据实际情况减少 |
| 营销部经理 | 营销部负责人及人员 | 本部门达到满编 | 营销部根据实际情况减少 |
| 前期报建1名 | 开发部负责人及人员 | 本部门达到满编 | 开发部根据实际情况减少 |

#### 2.3.7.3 企业战略规划

企业人力资源配置要基于企业战略并结合企业发展战略提出。企业人力资源标准的制定是科学合理规划的结果，不同规模和发展阶段的企业要参照相应标准和原则，根据自身情况制定更适合自身发展的人力资源配置标准。

只有符合企业的战略规划及人力效能的人力资源配置才能真正为企业服务，才是符合企业未来发展的用人/找人科学策略。

做好企业的人力资源配置，需要制作好方案并做好充分的沟通。比如配置标准赋值的工程人员，要与各专业条线部门负责人对本专业条线给出充分具体且合理的建议，才能结合企业整体人力情况进行科学调整与总体规划。

### 2.3.8 项目可行性分析的结论结构

房地产项目可行性报告分析的结论要有3大结构。

（1）评估项目优势和劣势

房地产项目优势和恶劣主要从品牌、设计、启动速度、产品品质和特性、市场竞争、营销、合作方式、市政配套、生活配套以及是否符合企业一贯发展思路等方面论述分析。

### （2）论述项目前景

房地产项目前景分析主要从城区发展、企业中长期战略、区域市场现状、消费者群体，市政未来发展规划等方面论述项目的发展前景。

### （3）给出结论及建议

项目可行性结论分析要运用各种指标数据，从市场、经济和财务等各方面论述项目可行性，分析项目可能存在的问题，并对项目提出有效建设建议。

# 第 3 章
# 房地产项目营销策划报告的撰写策略

任何一份方案都是为了解决问题，为产生作用而存在。一份营销策划报告的编写逻辑是线性的，是确立问题、分析问题、解决问题的过程。做完一个房地产项目的前期策划，就确定了地块选择、规划设计、产品方案、最终能获得什么样的销售业绩，这些都包含在房地产市场营销策划的精心安排中。

## 3.1 营销策划报告的撰写筹备步骤

房地产项目策划工作没有正式进入方案撰写前，要需要解决3个问题：①了解项目背景；②研究与项目有关的各类市场数据；③整理项目内外部资料。目的是建立起项目营销策划的策略和模型。

### 3.1.1 熟知项目背景

了解项目是撰写营销策划报告的第一项准备工作。目的是梳理本次营销策划要解决的主要问题是什么。

（1）熟知项目背景的方法

熟知一个项目的背景，要从6个角度出发：①项目案名；②建筑风格；③品牌思路；④规划特色；⑤社区氛围；⑥物业服务。

### （2）发现项目问题的方向

想发现项目问题，可以有两个方向：①快速全面熟悉项目问题，从项目自身营销策划需求切入，去解决项目自身问题；②通过多维度多渠道去猎取信息、整合资源、分析对比、输出观点，得出对项目理性客观的判断。

### 3.1.2 研究市场数据

一份市场报告，无论结构如何变化，每个部分的内容都需要有数据支撑才能有说服力。

研究项目所在的市场，查找一二手资料是最容易获得数据信息的方法。形成的数据分析报告要多配图表以加强直观性和说服力。

策划人也要从数据中建立洞见，方案中的洞见是带着策略指向的，是用数据做成分析图表。在这个环节要注意一点，数据是用来解决问题的，无论多么复杂的数据，都要以清晰的逻辑呈现，要得出简单、清晰、直接的论断。

### 3.1.3 整理内外部资料

熟悉项目离不开整理搜集资料。研究和调查是房地产策划人的基本功，有经验和敏感度的策划人可以通过搜集和查找资料快速发现有价值的思考线索。

搜索和查询是一门非常有讲究的学问。房地产策划人要有自己的咨询数据库：①专业报告类网站；②房地产营销案例类网站；③最新资讯资料类平台。

以上准备充分了，就可以着手撰写营销策划报告了。

## 3.2 房地产策划方案的独创性要求

一个房地产项目的策划主要体现在4个方面：项目定位、建筑设计理念、策划方案创意和营销推广策略。一个房地产项目的策划，主题是否具有独创性，与策划团队的工作理念和本地市场发展潮流有很大的关系。一份缺乏新意的策划方案，无法在激烈的市场竞争中赢得成功。

### 3.2.1 观念独创

房地产策划人的能力素质，决定了房地产项目策划观念是否独创、新颖，是影响房地产项目成败的关键因素之一。房地产策划要有一个工作理念，简单说就是不走寻常路。房地产策划人在做方案的时候很忌讳3点：①借用或复制别人用过的概念；②使用市场上常用的传播手法和传播手段；③不了解项目和客户群的特点闭门造车，导致很多营销活动和推广创意平淡无奇。

房地产人做策划，一定要研究房地产项目的重要信息。这些信息是一份好策划的基础材料和客观依据，这个基础和依据一旦变化了，策划方案和思路一定要随之变化，否则，其策划就失去了准确性、科学性和有效性。

作为一个策划人，一定要保持自己观念的独特性。做到这一点就需要策划人必须不停地广泛了解、全面搜集和及时分析并加工处理项目市场信息，为策划方案找到最具真实性、时效性、系统性和可靠性的信息资料。

### 3.2.2 主题独创

一个房地产项目的策划主题有4种价值：
① 体现房地产开发项目的总体主导思想；
② 是房地产开发企业赋予项目的"灵魂"；
③ 贯穿整个项目，是推广、传播和销售阶段的核心；
④ 是房地产项目的差异化和个性化最集中的体现。

策划主题与市场发展潮流有很大关系，要确定一个项目的策划主题，除了研究市场发展潮流，还要明确市场潮流最适合的媒体和媒介，才能让策划主题得到更好的传播和推广。

### 3.2.3 手段独创

房地产策划手段是指实施房地产策划的具体方法、办法。实施的方法和手段不同，策划出来的效果就不一样。在确定策划手段的过程中，有两个重要方面。
① 把握好城市中本项目的目标消费者身上的各种要素，分析其内容、形式及功

用，分析这些因素对市场影响的大小、轻重，找出方案策划运行的核心规律，进一步应用到方案的营销策划和推广中去。

② 每份房地产策划方案，都要把城市主流文化因素渗透到开发项目的营销推广中去，使其成为项目最具独特个性的一部分。只有开发出的房地产项目从定位、策划到推广都与众不同，才能获得人们的关注和购买，最终完成项目的销售目标。

## 3.3 项目营销策划报告的结构及目标

房地产项目营销策划报告，虽然有行业内常用的基本结构，但每个企业、每个团队、每个项目对这份报告的需求和理解并不一样。在营销策划专业范畴里，营销策划报告并没有万能的结构构思，在基本格式基础上，房地产企业、顾问公司、项目、城市特点构成本项目营销策划报告的独特框架。

### 3.3.1 项目营销策划报告的 7 大板块

一份功能齐全、分析和策略完善的房地产项目营销策划报告，至少包含 7 大板块，一般是从项目概况分析开始，到项目物业管理策略建议结束（图3-1）。

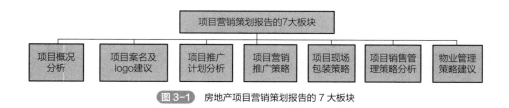

图 3-1　房地产项目营销策划报告的 7 大板块

### 3.3.2 项目营销策划报告的制作目标

制作项目营销策划报告的目标要明确项目的 4 个概念，指导未来的推广传播。

① 产品定位。项目在建筑设计、景观规划、室内空间、建筑形态、施工品质、建材用料上的优势和卖点，以及社区整体品质档次。

② 购买群体。明确本项目核心购买群体的行为特征和社会阶层。

③ 项目特性。房地产项目的营销推广周期较长，营销策划报告中要明确建立牢固清晰的品牌形象以支撑产品销售。

④ 市场形象。通过市场研判得出项目的传播概念和符合项目推广战略的推广策略，形成易于传播、易于被消费者接受的市场形象。

房地产营销人员要清楚，房地产营销策划报告终归是为了解决实际项目开发的核心问题。尤其对于房地产营销策划报告全案，要体现出撰写者通盘解决问题的高度。房地产营销策划报告全案有10大框架结构，报告核心内容始终要围绕项目自身实际问题展开，这是撰写营销策划报告的根本任务，不能偏离和动摇。

## 3.4 营销策划报告及撰写

一份房地产项目的营销策划报告，一般在项目开盘前一年开始筹备。营销策划报告的全部工作步骤有8个：①确定项目需求；②分析项目产品以及竞争产品；③分析目标客户群；④提炼核心概念；⑤制定营销模型；⑥规划营销节奏；⑦策划营销执行和销售建议；⑧费用预算和效果预估。

这8个工作环节形成了营销策划报告的6项核心结构。

### 3.4.1 营销策划报告的6项核心结构

撰写一份房地产营销策划报告，首先要确定本报告的使用功能，在功能要求基础上，建立本报告的核心结构，再根据后续实际情况和变动，不断增加各板块的具体内容（图3-2）。

图3-2 房地产营销策划报告的6项核心结构

### （1）常规项目分析

一个项目常规的SWOT（优势、劣势、机会、威胁）分析，主要工作是分析两大类要素：

① 宏观环境因素，如经济、政治/法律、社会/文化、技术；

② 项目局内因素，如企业、竞争者、分销商和供应商等。

### （2）目标市场确定

做完营销策划报告常规项目分析，接下来是确认项目市场机会，进行工作排序。最终定义出项目目标市场，然后设立目标，并制作完成时间表。

制作营销策划报告过程中，策划人还要为房地产企业的利益相关者、企业声誉、产品技术等各方面设立明确的运营目标。

### （3）战略任务制定

从常规上说，每份房地产项目营销策划报告的目标，都会有许多种达成途径，制定营销策划报告的战略任务，目的是完成目标，给项目选出一个最有效的行动方式。

### （4）战术细节配备

每个战略任务，都必须配备为达成目标而能持续展开的执行细节，即一份市场报告中必须要落地的内容，具体来说有两点：

① 策划报告中常使用的项目4P，即产品、价格、渠道、促销；

② 各执行部门人员时间表和工作任务。

### （5）项目预算计算

房地产策划人的每一份项目市场报告，都要有经济预算的部分，即为达到报告目标所计划的各种行为和活动需要付出的成本。

### （6）进度控制设立

一份可执行的市场报告，必须要设立时间及执行措施检查环节，以便及时控制计划完成情况。如果计划进度滞后，要及时更正和调整目标及战略，及时纠正各种偏差。

## 3.4.2 营销策划报告的7个撰写原则

撰写房地产营销策划报告需遵循7大原则（图3-3）。

### （1）差异独创原则

在一份营销策划报告中，无论是房地产项目定位、建筑设计理念、策划方案创意、营销推广策略，还是策划的观念、主题、手段，必须做到差异化和创新，才是这份报告该有的价值。

策划中的创新可以分为不同种类和层次：产品创新、服务创新、技术创新、营销创新、管理创新、制度创新、品牌创新、理念创新，由表及里，由浅入深。

（2）全面整合原则

每个企业要开发的房地产项目，都有自己的客观资源。客观资源有两种分法。

① 显性资源和隐性资源。显性资源即物质资源，包括人力资源、财务资源、土地资源、客户资源等；隐性资源，即非物质资源，如技术、品牌、文化、公共关系、战略、制度等。

② 内部资源和外部资源。内部资源即人力资源、财务资源、土地资源、技术资源、品牌资源等；外部资源即供方资源、政府资源、客户资源等。

房地产项目的资源整合，是指围绕项目开发的主题任务，去整合上述各种客观资源。房地产营销策划做到资源配置最优化，才能实现项目价值最大化。

（3）严谨客观原则

房地产营销策划人撰写报告，要做到3点。

① 策略实事求是。不讲没有实际意义的套话空话。

② 调研贴近市场，扎扎实实。严谨面对客观市场，做细做透调研、分析、预测，提高角色准确性。

③ 全盘谋划，谨慎行动。策划人在操盘过程中，一定要依据客观实际，不然公众和媒体会认为企业有"炒作""噱头"之嫌，降低品牌美誉度。

（4）大小定位原则

房地产营销市场报告进行项目定位，要从"大""小"两方面入手：

① 大方面定位是指项目总体定位，包括开发目标、宗旨，指导思想，总体规模，功能身份，发展方向等；

② 小方面定位是指具体定位，包括主题定位、市场定位、目标客户定位、建筑设计定位、广告宣传定位、营销推广定位等。

（5）有效可行原则

有效可行原则是撰写营销策划报告的重要原则。可行性是指每份营销策划报告中提出的任何经济性、有效性、执行性策略，先要具备可执行性。撰写者撰写报告内容，要围绕着如何落地这个原则去写，才能让报告最终对项目发挥重要作用。

（6）保证全局原则

整个房地产项目的营销策划过程，要按照"开局、析局、创局、选局、布局、运局、馈局和结局"的过程逐步进行。每个操作细节都要跟项目全局密切相扣。房地产营销策划人一定要保证营销策划报告的全局性,能做到从整体性、长期性、层次性、动态性出发来撰写这份重要的报告。

(7)依变而变原则

在动态复杂环境中准确把握住项目的变化节奏,是房地产营销策划人的重要能力。撰写营销策划报告有一个重要的应变原则,就是能控制好项目的发展变化目标,更新市场数据信息,准确预测事物可能的变化方向和轨迹,并以此为依据,随时调整目标和修改报告细节。

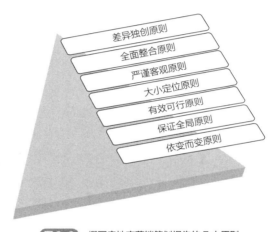

图 3-3　撰写房地产营销策划报告的 7 大原则

## 3.5　营销策划报告的 7 大内容结构

在房地产商品进入流通领域后,要围绕销售进行营销策划、价格定位、广告策划等一系列活动,这就是房地产营销策划报告编写的主旨。每个推向市场的房地产项目,都会处于不同的市场竞争中。每份房地产营销策划报告,都要面临独属于自己的竞争态势、政策环境、操作阶段,需要各不相同的问题描述。

### 3.5.1　房地产项目概况分析

在一个房地产项目的营销策划里,概况分析主要涉及 5 大项:项目概况分析、项目SWOT分析、项目市场定位分析、目标客户群定位分析、项目产品规划设计分析。

#### 3.5.1.1 项目概况分析

一般情况下，房地产项目概况分析包括以下几方面（表3-1）。

① 基本情况类。包括项目名称、项目背景、开发宗旨。

② 基本条件类。包括开发项目的自然、经济、水文地质等。

③ 地理位置。包括地块四至范围、道路交通、周边环境。

④ 项目开发经济技术指标。每个项目所涉及的指标会有细微差别，运用时视具体情况而定。

表3-1 房地产项目概况分析表

| 开发指标 | 主要内容 |
| --- | --- |
| 发展商 | 包括土地提供者和资金提供者两类 |
| 占地面积 | 建筑物所占或土地水平投影使用面积 |
| 开发类别 | 是住宅项目还是商业房地产 |
| 总建筑面积 | 包括住宅、共建、配套等 |
| 建筑形式 | 多层、高层、别墅等 |
| 楼层状况 | 开发期、用地面积、客户数 |
| 容积率 | 绿化率、总用地面积、总建筑面积 |
| 建筑密度 | 建筑基底占地面积、地块面积 |

#### 3.5.1.2 项目SWOT分析

每个项目都少不了进行SWOT分析，它是分析竞品并制定战略规划最常用也是最深入的手段之一。这项分析是对房地产项目投资开发中直接或间接、宏观或微观的诸多要素进行分析，如政治、经济、政策法规、规划、国土、市场、消费者、人文、地理、生态环保、交通、商业、市政配套等客观调研（表3-2）。通过科学系统的定量、定性分析和逻辑推断，最终找到有效支撑项目推广各元素的结合点。简单来说，进行SWOT分析需要列出产品营销该做什么，不该做什么。每一项分析条目都指向应该具有或需要实现的行动，和必须避免的雷区。

表3-2 房地产项目SWOT分析

| 要素 | 内容 |
| --- | --- |
| 优势分析 | ①自然条件；<br>②周边配套；<br>③地段优越性；<br>④规划设计与风格；<br>⑤区域环境、市场大势 |
| 劣势分析 | ①生活氛围；<br>②交通条件；<br>③片区形象；<br>④景观资源（自然景观、人文景观）；<br>⑤开发成本 |
| 机会分析 | ①宏观形势（国家政策、经济环境）；<br>②所在区域房地产市场发展趋势；<br>③所在片区大规划；<br>④消费者对居住环境的要求 |
| 威胁分析 | ①供给集中（同档次楼盘推出量大，缺乏足够市场需求做支撑）；<br>②相关片区同类产品竞争；<br>③相邻片区内价格竞争；<br>④项目自身硬伤 |

### 3.5.1.3 项目市场定位分析

（1）城市市场特征分析

城市市场总体特征分析要从4个方面结合具体项目进行分析，主要内容包括：城市总体房地产市场近期历史发展轨迹、城市房地产市场供求关系和结构、城市房地产区域特征、城市房地产营销特征等。

（2）区域市场综合分析

城市住宅市场要综合5大方面展开分析：

① 城市房地产开发主体特征；

② 城市房地产产品特征；

③ 城市房地产服务主体特征；

④ 城市房地产消费主体特征；

⑤ 城市房地产投资趋向特征。

### 3.5.1.4 目标客户群定位分析

目标客户群定位分析属于产品营销定位的内容之一，通常要与市场定位结合在一起，共同形成产品营销定位（图3-4）。

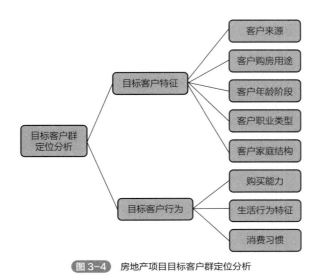

图 3-4　房地产项目目标客户群定位分析

目标客户群定位是对市场上的目标客户做出描述的过程。从大量数据分析中剥离出项目目标群，再针对性地进行详细分析，归纳总结目标客户的行为特征和消费习惯，初步为项目目标客户群画像，分析出客户群的5大特征：工作特点、生活态度、行为习惯、生活品质、消费观念等。明确本项目亮点与所倡导生活方式的匹配之处，为制定销售策略提供依据。对目标客户群的行为特征及消费习惯进行调查分析的具体内容，见表3-3。

表3-3　目标客户群行为特征及消费习惯调查分析表

| 分析要点 | 分析内容 | 分析目的 |
| --- | --- | --- |
| 购房类型占比 | ①购置新房；②购置二手房；③尚未决定 | 明确占市场主导地位的产品 |
| 消费者购房用途占比 | ①自住；②投资；③度假；④其他 | 明确本市场消费者购房的主要用途 |
| 购房首选地区 | ①所在城市；②周边城市；③所在城市哪个片区 | 明确消费者喜欢居住的区域 |
| 建筑形式及住房类型偏好 | ①多层、高层、小高层；②别墅；③平层、跃式；④复式 | 确定项目的产品设计 |
| 交楼标准偏好 | ①毛坯房；②普通装修；③精装修 | 明确消费者选择的交楼标准 |

（续表）

| 分析要点 | 分析内容 | 分析目的 |
|---|---|---|
| 户型面积及房型 | ①市场需求最大的户型面积及房型；②该户型面积及房型消费者家庭结构及人数；③消费者置业次数 | 了解确定本项目的主力户型 |
| 楼盘价格 | ①消费者能承受每套房子的总价；②每平方米均价 | 了解消费者购买力 |
| 付款方式 | ①按揭付款；②一次性付款；③其他付款形式 | 了解消费者的经济能力 |
| 消费者首付及月供形式 | ①消费者月收入、首付、月供承受能力及占比；②综合首付能力和月供能力 | 了解购房者可承受房价的平均水平 |
| 促成消费者购买的因素 | ①改善居住环境；②方便上班；③方便小孩上学；④生活便利等 | 了解消费者买房的原因 |
| 置业人群特征 | ①单身；②两口之家；③三口之家；④四口之家；⑤几代同堂占比 | 了解购房者年龄阶段及各类人群的消费特征 |
| 置业因素排序 | ①地理位置；②价格；③环境景观；④户型结构；⑤物业管理；⑥工程质量；⑦交通 | 了解购房的影响因素及程度 |
| 置业者理想家园 | ①小区规模；②生活配套；③产品风格；④生活格调期望 | 了解置业者期望 |
| 购房信息获取渠道 | ①传统媒体渠道：报纸、户外广告、电视、电台；②新媒体渠道：网络、视频、直播；③个人社交渠道：朋友圈、社区群 | 了解置业者广告信息偏好 |

### 3.5.1.5　项目产品规划设计分析

项目产品规划设计分析，要围绕项目概念，综合考虑产品成本把控、销售去化速度与溢价等开发要求，结合客户购买偏好和敏感点做出分析，并提出项目产品规划建议。

产品规划设计分析要从项目自身特质，如景观资源、居住氛围、楼盘品位、建筑风格等方面围绕项目定位展开。

其中一个关键内容是确定项目的主力户型，并评判其是否符合市场需求结构，与其他楼盘主力户型相比具有哪方面优势和劣势，有没有调整的可能。还要考虑产品户型设计如何在价格表制定、销售策略制定上进行配合。

房地产项目产品规划设计分析主要从以下10项内容逐一做出分析：建筑设计总体规划、绿地与景观设计、规划布局、外立面设计、建筑风格、住宅户型、配套规划及道路交通布局、园林设计、售楼处设置、示范区等（表3-4）。

表3-4 产品规划设计分析的核心内容

| 项目名称 | 内容详情 |
| --- | --- |
| 建筑设计总体规划 | 说明项目总体规划，比如建筑形式、建筑布局、建筑风格、景观资源、文化氛围、容积率、绿化率、总户数等 |
| 绿地与景观设计 | 绿地率与绿化率、步行环境、铺地环境、水体环境、户外设施环境 |
| 规划布局 | 综合考虑路网结构、公共建筑与住宅布局、群体组合、绿地系统及空间环境等内在联系，构成一个完善的、相对独立的建筑社区有机整体 |
| 外立面设计 | 建筑风格、选用材质和颜色分析 |
| 建筑风格 | 建筑在平面布局、形态构成、艺术处理和手法运用等方面所显示的独特意境 |
| 住宅户型 | 朝向、住宅功能分区 |
| 配套规划及道路交通布局 | 楼盘内配套设施、道路宽度要求、人车交通组织方式 |
| 园林设计 | 从水景形态、绿化、道路小品方面分析 |
| 售楼处设置 | 售楼处选址、建筑设计特色、营销包装、参观动线、内景设置 |
| 示范区 | 项目示范区主题、样板房通道、样板房主力户型设计 |

## 3.5.2 项目案名及 logo 设计建议

确定楼盘案名是营销策划非常重要的一步，是开展项目营销推广的前奏。

**（1）案名设计要求**

案名设计要突出楼盘的卖点，并将其生动地传递给消费者，同时还要明确针对目标消费群体的消费偏好，吸引目标人群。

由于房地产的特殊性，房地产品牌的形成通常以案名为载体。案名确定有3种常规类型。

① 地域、地段型。显示地段优越性，以独特黄金地段为卖点，地段名包含在案名中，直观反映楼盘区域，能很好地针对有效客户群。如瑞虹新城。

② 品牌形象型。与房地产开发公司名称相呼应，在品牌效应方面有延续性，项目和项目间互相呼应，一定程度上能实现品牌联动作用。如上海绿城。

③ 档次层级型。根据楼盘品质定位选用对应的案名，让人看到案名便能联想到项目的品牌定位。

（2）logo 设计建议

logo 是一个项目的标志，是项目的 VI 识别系统，是项目在未来市场形象的最核心呈现。一般由图形、推广名加注册名组成，包括标志标准色、标志图形风格、标志的内涵外延和释义。

### 3.5.3　项目推广计划分析

房地产开发企业都开始重新思考企业的营销模式、宣传推广模式的调整方向和策略。无论一个房地产项目的地段、定位、设计规划如何完善，如果策划和营销推广的策略没有独创性，房地产项目在市场竞争中就无法赢得主动地位。

结合项目形象定位和本地市场实际情况，从以下几方面为项目推广制定针对性策略。

#### 3.5.3.1　确定项目总体推广策略

项目进入推广期，先要树立项目的整盘概念，结合市场和项目情况，将整个项目推广做好系统性描述。项目总体推广风格就是项目的主要概念。

（1）总体推广风格确定方法

总体推广风格作为主概念是整个房地产项目开发运作的指导思想，是规划设计、营销策划乃至物业管理塑造的主题。换言之，规划设计理念、营销策划立意、物业管理等概念都应服从于这一主概念。确定项目总体推广风格，就是挖掘楼盘核心内容，如好地段、好户型、好环境、好社区、好物业等，也要和其他楼盘有概念性的差别。

（2）总体推广风格确定目标

项目的整体推广风格，要能帮消费者憧憬、体会、感受到项目核心定位所传达的生活理念。具体说来有5点目标：

① 全程策划推广围绕主体概念进行；

② 依托概念策划出独占性推广卖点；

③ 推广风格能推动现场热卖气氛；

④ 广告企划方案具备有效性和独创性；

⑤ 总体推广风格具有针对性和竞争性。

### 3.5.3.2 项目各阶段推广计划安排

项目按照阶段制作的推广计划，要包括8大要点：①推广目标；②推广时间及各阶段主题；③内容、安排；④推广流程；⑤推广形式及组织；⑥媒介安排；⑦活动计划；⑧推广费用预算。

根据项目总体推广计划安排，各阶段推广计划还要从以下几个方面对项目前期推广提出建议：

① 推广计划时间表及日程安排；

② 开盘活动主题、计划及工作目标；

③ 项目各阶段促销策略；

④ 项目媒介每日发布时间、内容、主题规划执行表；

⑤ 其他推广活动实施计划及时间安排表；

⑥ 本阶段推广费用预算。

### 3.5.3.3 项目销售目标和价格部署

一个房地产项目的销售目标通常细分为两个：

① 目标销售期，即预期销售时间。

② 阶段目标，销售工作分成内部认购期、开盘销售期、销售强销期、销售清盘期4个阶段，确定销售时间、销售率、销售套数、销售金额。

结合项目销售目标和市场潜力即预期情况，可以提出建议销售价格方案。这套建议销售价格方案主要包括：

① 总体均价建议及依据；

② 分组团购价格建议及依据；

③ 价差处理（景观、朝向、楼层等）；

④ 户型价格建议；

⑤ 阶段价格建议；

⑥ 付款方式及优惠；

⑦ 经济分析及预测。

## 3.5.4 项目营销推广策略

一个房地产项目的销售推广策略要包括如下内容：

① 选定营销思路；

② 选定销售网络；

③ 选定销售区域，紧扣目标市场和目标客户；

④ 确定销售时段，内部认购期、蓄势调整期、开盘试销期、销售扩张期、强势销售期、扫尾清盘期；

⑤ 确定政策促销、销售活动、销售承诺；

⑥ 实施各销售阶段营销推广执行方案。

### 3.5.4.1 营销推广策略的3大内容

（1）形象定位分析

形象定位分析是就项目市场定位进行标语性总结，以便体现项目整体风格、客户诉求、品牌特征等。形象定位是为了给广告公司一个明确的形象包装范围要求。项目形象定位的5个维度，见表3-5。

表3-5 项目形象定位的5个维度

| 形象定位维度 | 详情释义 |
| --- | --- |
| 找到项目最佳均衡点 | ①企业可以实现的产品；<br>②最大可能目标人群；<br>③企业投资效益回报要求 |
| 项目案名阐述文案清晰 | ①项目形象定位说明清晰；<br>②项目宣传主题清晰；<br>③项目VI识别系统清晰 |
| 项目宣传内容包装及制作风格统一 | ①售楼部、会所；<br>②楼书、折页、海报、宣传品；<br>③各类媒体报纸、电视、电台；<br>④网站宣传渠道；<br>⑤新媒体渠道 |
| 项目形象广告内涵要求 | ①表现项目个性；<br>②准确揣度出目标客户群的心理；<br>③清晰体现传达给客户的购买理由 |
| 项目形象定位风格要求 | 企业形象识别理念和广告创意很好地融合在一起 |

## （2）整合推广策略分析

广告的核心价值在于赋予所定位的品牌能量，越是能够提供精神能量的内容，越容易被主动传播和被消费者记住，好的广告策略有3个投放原则：

① 对项目资源做全盘的整合分析，基于现实做推广；

② 战术上注重媒体策略实效；

③ 选择适当时机，制造全方位立体营销效果。

如何在营销方案中体现吸引更多客户到案场的策略，需要把整合推广策略的9项内容分析透彻（表3-6）。

表3-6 整合推广策略的9项内容

| 推广步骤 | 推广策略 |
| --- | --- |
| 宣传推广策略 | ①推广目的：据实际情况紧扣市场定位，总结宣传推广目的；<br>②宣传推广策略：根据项目货量、目标销售期、推广费用等因素，确定可行的推广方式 |
| 营销策略分析 | ①借助企业品牌效应导出项目；<br>②利用企业产业系统和业务单位进行强势宣传；<br>③用市场规划提升项目附加值；<br>④用创新产品设计将项目塑造成海景豪宅典范；<br>⑤全新的旅游房地产概念支持 |
| 推广阶段划分 | ①铺垫期；<br>②开售期；<br>③销售期营销目标；<br>④媒介方式；<br>⑤持续时间 |
| 媒体投放策略 | ①媒体目标：向目标消费者传达销售信息；<br>②媒体效果：制造市场焦点，产生市场轰动效应；提升知名度和影响力；巩固提升企业品牌；<br>③媒体组合：报纸、电视、户外；<br>④媒体创新：根据目标客户群特征在各类传统和新媒体上做出创新突破 |
| 新闻媒体策略 | ①入市阶段；<br>②形象塑造阶段；<br>③内部认购期；<br>④开盘引爆期 |
| 公关活动策略 | ①分解工程进度和总体战略，举办相关活动；<br>②明确活动目标、活动时间、活动对象及活动形式 |
| 户外传播策略 | ①城市主干道与高速路出入口段广告牌；<br>②机场、火车站出入口的大型广告牌；<br>③城市标志性建筑喷绘画 |

（续表）

| 推广步骤 | 推广策略 |
|---|---|
| 现场包装策略 | 根据实际活动制定现场包装策略 |
| 宣传费用预算 | 根据项目整体媒体推广计划确定媒体预算表 |

营销策划人编写营销整合推广策略时，要清楚房地产项目每个阶段的时间划分，以及每个阶段中的工作重点。编写房地产项目营销推售计划执行表体现推广节奏，执行表主要有三大块内容（表3-7）：

① 本年度推售总量；
② 本年度主推单位和总推售量；
③ 本年度销售额要求。

表3-7 房地产项目营销推售计划执行表

| 推售节点 | 推售计划 | 时间段 | 销售目标 | 其他 |
|---|---|---|---|---|
| 本年度推售总量 | | | | |
| 本年度主推单位和总推售量 | 首批开盘单位 | | | |
| | 加推单位1 | | | |
| | 加推单位2 | | | |
| | 加推单位…… | | | |
| | 二次开盘加推单位 | | | |
| 本年度销售额要求 | | | | |

确定房地产项目的营销推售计划执行表后，接下来要出具本年的各阶段总控制表，按照一年12个月来排布工作节点（表3-8）。

表3-8 房地产项目营销总控表——阶段节点控制表

| 工作内容 | 拓客阶段 | 营销中心样板房开放 | 首次开盘 | 加推单位 | 二次开盘 |
|---|---|---|---|---|---|
| 完成时间 | ×月 | ×月 | ×月 | ×月 | ×月 |

房地产项目营销分阶段实施策略，见表3-9。

表3-9 房地产项目营销总控表——分阶段实施策略表

| 阶段 | 第一阶段 | 第二阶段 | 第三阶段 |
|---|---|---|---|
| 推广策略 | ①品牌起势；<br>②区位宣传 | 高度集中式推广 | 热销成果/持续加推 |

（续表）

| 阶段 | 第一阶段 | 第二阶段 | 第三阶段 |
|---|---|---|---|
| 阶段策略 | ①广泛传播；<br>②覆盖目标客户；<br>③塑造品牌核心 | ①吸引客户进场；<br>②通过媒体话题持续吸引新客户 | ①深耕拓客工作；<br>②维护种子客户；<br>③用媒体推广和线下活动持续带动人气 |
| 营销推广方法 | ①持续拓客；<br>②持续蓄客 | "拓展＋推广＋活动"相结合的推广策略 | ①持续市场拓展活动；<br>②利用自身资源加大活动力度 |

房地产项目的营销执行铺排计划，也是先要确定活动铺排节点，按照整体时间规划，分解每周每月工作内容和执行人物（表3-10）。

表3-10　房地产项目营销总控表——×月推广任务计划

| 本阶段工作内容 | 执行任务 |
|---|---|
| 核心诉求 | |
| 核心策略 | |
| 核心主题 | |
| 线上活动 | |
| 线下活动 | |

（3）营销计划推售部署

项目的营销计划推售部署，需要分阶段制作两份表格：营销推售计划表（表3-11）和项目推售比例计划表（表3-12）。

表3-11　营销推售计划表

| 推售阶段 | 时间 | 推售数量 | 操作备注 |
|---|---|---|---|
| 客户储备 | | | |
| 内部认购 | | | |
| 开盘开发 | | | |
| 强效期 | | | |
| 持续期 | | | |

表3-12　项目推售比例计划

| 推售阶段 | 推售比例计划 |
|---|---|
| 客户储备 |  |
| 内部认购 |  |
| 开盘开发 |  |
| 强效期 |  |
| 持续期 |  |

制作营销推售计划表，要充分考虑4方面对推售产生的影响：推售时机、现场工程进度、分期销售要求、首期销售方式。

① 推售时机要结合现场施工进度，根据推售时间、工作内容提出合理建议。

② 现场工程要求是指房地产项目对外开放时，现场工程必须要达到的进度。现场工程进度也决定着营销推售计划的部署内容。工程进度不同，销售推进的进度也不同。现场工程进度要从内外两方面考虑。

项目外部工程进度，即项目周边环境装饰和马路绿化的进度；项目内部工程进度，即楼盘、售楼部、园林、销售通道、停车场的完成进度。

③ 分期销售要求。是指在整体经营目标要求下，项目的分阶段、有节奏逐步实现项目经营目标分期销售计划。

④ 首期销售方式，主要有排队和抽签两种。根据首期缴纳购买诚意金的客户数量决定。对分期销售要求可通过营销推售计划表和项目推售比例计划表进行分析。

### 3.5.4.2　整合推广策略分解

项目从开始推广到开盘销售，是一个循序渐进的过程，是从掀起市场热潮，到引爆市场的一个过程。整合推广的策略要按项目销售节奏逐步分解（图3-13）。

表3-13　项目推广阶段划分及核心工作安排

| 推广阶段 | 阶段性质 | 核心工作安排 |
|---|---|---|
| 推广准备期 | 营销推广的准备工作阶段 | ①准备楼书、单张、户型图、模型等销售物料；<br>②部署准备推广策略、公关活动；<br>③确定发布媒体和广告创意 |
| 市场铺垫期 | 项目宣传概念导入阶段 | ①导入项目形象；<br>②加深消费者印象；<br>③为媒体和消费者制造热门话题；<br>④开始投放和使用软文、媒体公关、目标客户群活动巡展、直播、视频发布、新闻发布会等 |

（续表）

| 推广阶段 | 阶段性质 | 核心工作安排 |
|---|---|---|
| 项目蓄势期 | 项目正式亮相，项目卖点推广传播期间 | ①传播重点是项目自身的卖点和优势；<br>②项目开始与目标客户群充分沟通；<br>③售楼部样板房开放；<br>④现场园林开放；<br>⑤销售通道包装等 |
| 公开发售引爆期 | 以大量投放项目开盘信息的广告为主 | ①公布首批推售单位的优惠折扣；<br>②确定有市场竞争力的价格；<br>③核心目标客户预定有限的优惠单位 |
| 销售及持续加推阶段 | 对储备目标客户群持续推广 | ①推广传播要服务于项目销售短期加推；<br>②增加传统媒体和新媒体等推广手段并增强推广力度 |

#### 3.5.4.3　媒介和广告宣传策略

房地产项目广告策略通常是多种策略的组合。一般会以传统媒体和新媒体的多元结合形式出现，采用多种广告策略配合和交叉，兼顾项目品牌及直效销售的形式推进。

（1）媒介组合分析

项目的推广广告和媒介宣传组织要分析5点：

① 分析所用媒介及媒体的自身特点和区域影响力；

② 与项目市场定位匹配的媒介方式；

③ 目标客户群易接受的媒介和媒体；

④ 项目所在区域的生活文化及消费文化；

⑤ 深入分析竞争对手的媒介策略。

（2）广告策略分析

房地产项目的广告策略涉及6项工作：

① 所投广告的内容重点；

② 广告主题和表现手法；

③ 各类媒体广告的创意与制作；

④ 广告形式和投放频率；

⑤ 项目整合传播策略；

⑥ 媒体发布代理机制。

项目推广阶段广告形式及管理重点，见表3-14。

表3-14 项目推广阶段广告形式及管理重点

| 广告形式 | 具体内容 | 投放频率 | 管理重点 |
|---|---|---|---|
| 内容创意 | 传播口号、TVC脚本 | | 广告文案 |
| 广告制作 | 主KV、活动模板、标语、TVC分镜头、海报、H5、互动游戏等线上线下传播物料 | | 平面设计 |
| 媒体运营 | 新媒体运营媒介、媒介组合和媒体效果预估 | | 媒体运营 |
| 活动宣传 | 跨界营销活动、促销活动、消费者互动活动、裂变活动、快闪店、地推 | | 视频技术 |
| 社交传播 | 社交平台自媒体日常运营，话题互动社交传播活动 | | 自媒体运营 |
| 公关宣传 | 线上线下发布会、事件营销、KOL造势、PR宣传稿、CRM管理、舆情监控维护等 | | 公关管理 |
| 媒体投放 | ①传统媒体类：电视、户外、电梯、杂志、灯箱等；②互联网媒体类：网站和APP、程序化DSP；③数字化媒体类：视频APP、电视剧综艺植入等 | | 媒体管理 |

#### 3.5.4.4 媒介预算

根据项目所选媒体及投放计划制定媒介预算表。

### 3.5.5 项目销售现场包装建议

现场包装主要是项目的售楼处包装。售楼处是销售活动的重要现场，包装建议方案有两个出发点：

① 从软硬两方面包装建设售楼部；
② 区别于其他竞争楼盘现场包装的气氛和个性。

包装位置及注意要点，见表3-15。

表3-15 包装位置及注意要点

| 包装位置 | 包装注意要点 |
|---|---|
| 售楼处布置 | ①主格调；②位置选择；③三大核心功能分布：接待区、模型区、洽谈区；④主建材和设备展示；⑤声光效果演示；⑥体现项目其他特殊布置要求 |
| 样板房 | ①位置、朝向、观景选择；②建筑材料选择方案；③概念形象要求 |

（续表）

| 包装位置 | 包装注意要点 |
|---|---|
| 示范景观 | 售楼处周边景观设置方案建议 |
| 户外围墙 | 根据项目定位、概念和卖点等内涵制定围墙包装方案 |

## 3.5.6　销售管理策略分析

房地产项目销售管理策略分析有7大内容（图3-5），有狭义和广义之分。

① 狭义销售管理。是以销售人员为中心，属于企业营销管理中策略的那部分。

② 广义销售管理。是指对所有销售活动的全程管理，内容包括价格制定、人员销售、营业推广、分销渠道等。

图 3-5　房地产项目销售管理策略分析的 7 大内容

### 3.5.6.1　建立销售系统

房地产项目的销售系统管理主要是针对项目销售环节的管理。一个房地产项目的销售能力，就是项目的案场销售能力。案场销售能力的大小由2个方面决定。

① 销售案场整体吸引力。是由现场包装策划和售楼处设计决定，还由案场的销售团队决定。

② 销售系统分析。主要分析的是由人组成的团队架构：人员配置、人员数量及人员间的隶属关系。具体来说，就是分析案场的销售组织架构（图3-6）。

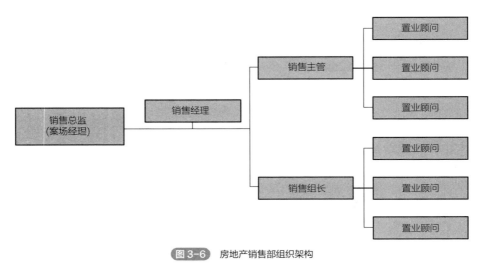

图 3-6 房地产销售部组织架构

### 3.5.6.2 明确岗位职责

销售部每个岗位都会有相应的工作职责，如表 3-16 所示。

表 3-16 销售团队各岗位职责表

| 销售岗位 | 销售岗位职责 |
| --- | --- |
| 销售总监 | ①制定公司营销战略；<br>②制定公司营销组合策略和营销计划，批准后实施；<br>③负责重大公关、促销活动总体、现场指挥；<br>④定期对营销环境、目标、计划、业务活动核查分析；<br>⑤及时调整营销策略和计划；<br>⑥制定预防和纠正措施；<br>⑦制定公司新产品市场价格，批准后执行；<br>⑧与业务销售相关部门对接，如房管局、银行 |
| 销售经理 | ①与开发商交接所有相关销售资料；<br>②及时了解与项目有关的市场信息；<br>③将市场变化反馈给销售总监；<br>④根据市场变化及时调整销售策略；<br>⑤解决案场突发事件；<br>⑥调解客户与发展商之间的矛盾，争取顺利结案 |
| 销售主管 | ①维护案场管理；<br>②完成各项销售指标和任务；<br>③资料交接；<br>④督促置业顾问向客户催收余款；<br>⑤确保资金定量回笼 |

（续表）

| 销售岗位 | 销售岗位职责 |
| --- | --- |
| 销售组长 | ①协助销售经理做好本案一切事宜；<br>②表格统计、上报、盘点与核对；<br>③业务资料归档与交接 |
| 置业顾问 | ①引导作用，帮助客户挑选到合适的房子；<br>②引导客户办理相关手续 |

### 3.5.6.3 销售组织要求

销售组织管理得好坏直接体现项目综合素质和整体运作水准，是帮助项目建立整体形象，赢得客户认可的关键环节。

销售组织要求一般包括5个方面：职业道德、礼仪礼貌、专业知识、心理素质、服务规范。

图3-7 房地产项目销售组织的5大要求

### 3.5.6.4 开展销售培训

销售培训的管理的步骤是：①将培训所有内容按主题一一细化；②把培训内容做成培训计划，用表格详尽列出。如什么时间由什么人（或部门）进行什么内容的培训。

项目培训内容不同，培训主题也不同。一般的销售培训包括6大方面，如表3-17所示。

表3-17 房地产项目销售培训内容

| 培训主题 | 培训详情 |
|---|---|
| 公司概况 | 公司背景、组织架构、公众形象、公司目标、内部分工 |
| 产品分析 | 项目规模、定位、设施、周边环境、公共设施、交通条件、区域发展规划、规划设计及特点、优劣势分析、销售策略 |
| 物业管理 | 服务内容、收费标准、管理规则、公共契约 |
| 专业基础 | 政策法规、税费规定、基础术语、建筑常识、心理学基础、银行按揭知识、公司制度、公司结构、财务制度 |
| 销售技巧 | ①售楼洽谈技巧：以问题找答案、询问客人需求、洞察买家心理；<br>②熟练互联网传播技术：恰如其分地使用个人朋友圈、微信、视频号、主题群等传播和沟通工具等；<br>③推广会场气氛把握技巧：客人心理分析、接待客户技巧、推销技巧、语言技巧 |
| 礼仪礼貌 | 语言、谈吐、行为、仪表等方面规范 |

#### 3.5.6.5 制定销售策略

销售控制是指在销售执行过程中，为使各类产品及各类价格的产品均匀销售而采取的控制手段，目的是保证销售各阶段的产品种类、价格都能具备较强的竞争力。

房地产项目的销售控制一般有6大步骤：确定总房源、销售计划分期、各期开放量确定、根据销售状况进行调整、价格体系调整、付款方式调整（图3-8）。

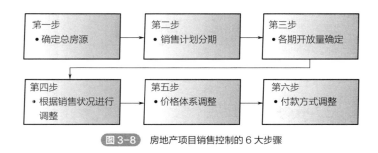

图3-8 房地产项目销售控制的6大步骤

#### 3.5.6.6 确定销售流程

房地产项目的销售流程一般有10个步骤：接听电话、迎接客户、介绍产品、洽谈计价、带看现场、登记客户资料信息、客户追踪、成交收定、定金补足、签订合约。需要注意，这个销售流程并非是房地产项目销售的全部流程，中间会有反复或跳跃，管理销售时，应具体项目具体对待。

#### 3.5.6.7　实施销售过程管理

在房地产项目销售执行过程中，为了让房地产公司主管领导全面掌控项目销售状况，随时做出销售调整，需要营销和销售团队进行详细的销售过程管理。

销售过程管理主要是指根据项目实际销售情况调整相应策略，定期统计、分析并反馈5类销售数据信息：客户预约量、退房数、广告投放量分析、项目成交量、新出现的同类竞争楼盘数量信息。

要实现对以上5类销售数据的良好管理，销售过程管理需要从销售流程设置、到场客户管理及分析、广告效果评估、成交量管理、实时市场竞争情况监测入手。

（1）**案场管理**

注重销售工作流程，最能体现销售服务的系统性与专业性，也决定了项目的销售效率。销售过程管理要明确销售现场的各类管理细则：现场管理、销售口径、销售物料及道具、接待流程、销售人员培训制度确定等现场管理细则。

（2）**客户管理**

① 管理客户。通过现场接待、电话来访、房展会、上门拜访、朋友介绍及其他客户资源来寻找客户，做到主动出击、争取更多成交机会，同时为开发商降低推广成本，提前实现销售。

② 现场接待。这是最重要的一个销售环节，迎接客户、介绍项目、带看现场等步骤都要求做到最好，以专业服务体现楼盘品质，更能提升开发商品牌形象。

③ 到场客户特征分析。因为客户分布具有广泛性和不可控制性，项目对客户的了解主要通过收集整理出来的各类项目档案：意向客户统计、认购单、客户档案，并把这些汇总做定期分析并上交，分析报告要能详细反馈客户的4大信息：需求特征、背景、未购原因、预约情况等。

（3）**广告效果管理**

广告效果管理评估可通过分析各类工作报表：日报表、客户确认单、来人来电、广告周报。从而得出最能反映广告投入效果的指标和因素，再根据团队讨论意见，修正下一步的营销推广方案。

（4）成交量管理

① 谈判。解答客户提问，制造卖场气氛，促使客户尽快下单购买。

② 客户追踪。对暂未成交的客户进行系统、及时的访问追踪，争取客户尽快回访成交。

③ 签约。制造卖场气氛、达成协议、实行销售。

④ 入住。协助开发商、物管公司办理交房事宜，做好售后服务。

（5）实时区域市场调研

监控市场上竞争对手和竞争楼盘信息，最好的途径是市场调研。对竞争项目进行区域市场调研，研究竞争状况及销售机会。实时的区域市场调研归纳起来是管好3个重点：市场变动、广告投放、目标客户变化（图3-9）。

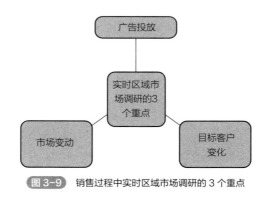

图3-9 销售过程中实时区域市场调研的3个重点

## 3.5.7 物业管理策略分析

物业管理策略是营销策划报告最后要呈现的内容。物业管理策略分析是整个策划方案综合市场调研的相关结论，就物业管理公司的选择、管理模式、管理内容、收费标准提出建议的环节。

物业管理是一种利润比较低的行业，较低的行业风险和较低的行业门槛注定会吸引大量资金和人才进入。如今已是全民营销的时代，对房地产策划人来讲，把握市场动向和变化至关重要。

随着房地产形势的不断发展，提高经营能力逐渐被企业提到发展日程上来。随着城市基础设施的完善，楼盘间硬件差距正在缩小，把握住目标客户群心理诉求，提供更具体便捷多样化的服务才是物业管理的核心。一个房地产项目在投入开发前，准确地定位房地产项目物业管理运作模式至关重要。

（1）投资平台构建

一旦企业或者项目能拥有一个谋利能力强大的投资工具，就会投有所值。无论项目售价多高，经过精准的营销都有可以完成销售目标。而如果要说明一个房地产项目是否值得投资，需要经过严格的策略分析，要剖析出项目的3大关键因素：项目实质、销售卖点、核心价值（图3-10）。

物业管理策略，首先要解决投资回报模式，构建完整、可信投资平台，进行充分包装，是一个房地产项目推进促销的基础。

图3-10　投资方剖析项目的3大关键要素

（2）物业机构选择

在房地产营销策划报告的物业管理分析部分，物业结构选择需要呈现2点内容：

① 能简要剖析选择本家物业机构的原因。如可降低房地产企业经营风险、能为业主提供优质物业服务。

② 分析所选择物业机构的决策结构。如第一期经营结束后，可以由业主组成投资管理委员会，经过投票决定管理机构筛选、聘任。

（3）共管公寓模式

物业的管理模式有很多，一个项目可根据项目实际情况和业主要求，选择合适的模式并进行分析。这里以共管公寓经营模式为例,有8种方式可以选择:所有权管理、经营权委托、委托经营时限、决策机构、经营管理机构、成本和财务管理、投资者收益分配、投资者可享权益。

# 第 4 章
# 房地产项目产品设计报告的撰写策略

我们常说，营销策划和产品不分家。原因有 2 个：

① 从销售上讲，企业的客户需求最终要转化为产品定位；

② 从战略上讲，企业不断提升产品标准化体系建设，保持创新迭代能力，增加竞争力。

今天的房地产企业，营销或策划部门已转为以产品为成果、以客户为导向、着眼于市场趋势与产品创新的职能部门。

一个房地产营销人的策划能力，不仅表现在各类市场报告的撰写上，还必须能利用报告达到将自己或整个团队的观点渗透到报告中并应用到项目后期的决策执行中去。

每个房地产策划人都必须明白，做好房地产策划要懂得产品设计。原因有 4 个。

① 房地产项目要想实现产品溢价，在前期做产品定位时，就要符合市场需求。这需要策划者有产品设计的眼光。

② 通过研究房地产企业的岗位职能变化可以看出，产品策划岗位是比客户研究和项目营销岗位更能聚焦的位置。房地产企业已经开始通过产品设计去培养团队的战略眼光。

③ 今天的房地产开发市场，城市土地供应越来越稀有，项目产品必须一次就做"对"。

④ 企业的创新最关键的是产品创新。需要不断完善产品、不断提高用户体验。产品创新包括产品设计创新、技术创新、材料创新、设备应用创新。

## 4.1 房地产项目产品设计的价值

从概念上说，房地产产品是指用于满足人们对生活、工作、获利等需求和欲望的建筑实物，以及与之相匹配的各种服务的总称。

产品始终是房地产开发企业赖以生存和发展的根本，是所有房地产开发企业最核心的市场竞争力。房地产项目的产品设计，就是房地产开发企业的产品竞争力，决定了一个楼盘的价值和品质，直接影响到楼盘的销售业绩。

房地产企业的产品线创新研究，目的是提高项目投资收益率，将创新产品转化为可获得更高投资回报的标准化产品线，这是房地产开发企业首先要解决的问题。

### 4.1.1 保证企业的产品研发力

房地产企业一直都在持续加大对企业产品研究中心的投入力度，不断加大企业的产品研发能力，目的是实现 3 个目标：

① 研究房地产产品发展趋势，组织开展各类产品研究工作，提升企业产品创新力；

② 开展客户需求与消费特征研究，建立企业产品数据库，形成专业研究报告，将客户需求转化为产品定位，提升企业产品的市场占有力；

③ 不断提升产品规划与产品设计级别，提升企业产品品牌力。

### 4.1.2 提高企业的产品力

在市场竞争愈发激烈的今天，房地产楼盘销售更加体现出"产品守正，营销出奇"的特点，即项目产品特征与营销卖点的紧密结合。一个具有产品力的房地产项目，能通过产品设计让自己具有特色，给市场上的目标消费者留下独特印象从而实现完美销售。

提高企业产品力，需要 5 大管理环节：市场需求分析、调研及做产品定位、产品创新及产品线开发、产品质量控制、前期成本控制（图4-1）。房地产企业的产品力，需要3个管控力做后盾：设计价值管理、设计效率管理和产品分析管理。

图 4-1　提高企业产品力的 5 大管理环节

房地产项目产品设计报告是保证上述产品力的关键报告种类。这份报告不只被动反映产品问题，还包括明确提出各类产品问题，并对各类问题做出合理的设计解释。可以说，房地产项目产品设计报告是房地产企业项目产品力提升的重要过程。

对房地产开发企业来说，产品设计能力有3方面价值。

① 实现项目溢价能力。一般来讲，房地产项目的产品设计对项目造价起到70%左右的决定作用。

② 增加产品核心竞争力。在发达国家，很多生产型企业和公司把设计看作热门市场战略工具，好的设计能赢得关键顾客，这些在企业里是早已达成的全员共识。

③ 营销策划的重要卖点。可以说，一个产品设计概念的成功与否，关系到房地产企业项目的生死存亡。

## 4.2　房地产项目产品设计报告的 3 大核心

撰写房地产产品设计报告，要明确3个核心：产品设计概念、产品设计价值、产品设计的可行性建议。

### 4.2.1 确定产品设计概念

产品设计是将某种目的或需要转换为具体的物理形式或工具的过程，是把一种计划、规划设想、解决问题的方法，通过具体载体，以美好形式表达出来的一种创造性活动。一个具有独创性概念的房地产项目产品，不仅能赢得购房者的关注，还能赋予地块全新的价值。

合理巧妙的房地产项目设计，不但能避免日后不必要的重建和改建带来的浪费，还能提升房地产产品的品位，增加其产品附加值、提高项目市场竞争力。

### 4.2.2 明确产品设计价值

房地产项目进入产品设计阶段，就是进入开发雷区最多的环节：其一，一旦房地产项目的产品设计做得不到位，注定影响项目的成本、进度、质量；其二，如果产品设计缺乏生产观点，生产时将耗费大量调整费用并需要更换设备、物料和劳动力；其三，如果产品设计具备功能优越性，便于建造，能降低生产成本，会使产品综合竞争力增强。所以，产品设计环节是决定产品设计价值的关键，有"牵一发而动全局"的重要意义。

产品设计阶段的操盘任务有两个：①确定整个产品结构和规格；②确定整个生产系统布局。在市场竞争中占优势的房地产开发企业，十分注意项目产品设计的细节，目的是设计出造价低又具独特功能的产品。

### 4.2.3 给出产品设计的可行性建议

房地产营销对项目规划设计有两个核心要求：增加项目卖点；提升项目卖相。

增加项目卖点就是增加项目的价值点。房地产产品是高价格产品，产品的卖点设计要体现得非常具体。项目卖相就是项目能给予消费者的打动力，是项目品质的一部分。房地产市场竞争异常激烈，提高房地产项目品质是获得竞争胜利的关键所在。

每个房地产项目在开发过程中，都要先出具产品设计可行性建议报告。这份报告的结构主要由6方面内容构成（图4-2）。

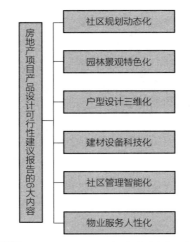

图4-2 房地产项目产品设计可行性建议的6大内容

**（1）社区规划动态化**

房地产项目的社区规划关键点是保持动态化，随时基于需求和客群变化做细节调整。房地产项目的社区规划布局，主要价值体现在3点：

① 项目实用功能合理性；

② 业主居住的舒适感；

③ 社区空间变化的丰富性和层次感。

**（2）园林景观特色化**

园林工程在项目定位中处于第三居所的位置，在房地产开发中占有重要地位。很多大型房地产企业已经把更多的精力和资源投入景观建设中。

房地产项目的园林景观是一个楼盘的意境艺术，也是环境品质的重要体现，更是消费者未来美好生活的重要保证。尤其是定位为中高端的小区，园林绿化能直接带动房地产价值提升。

一个房地产项目在开发过程中，不仅要结合项目整体定位，设计有自己特色的园林景观。还要营造一个充分体现与当下和时代生活理念完美融合的社区环境，才能吸引居住要求日益提高的目标客户群体，让项目既有营销卖点又有营销卖相。

**（3）户型设计三维化**

今天的房地产市场，房价不断攀升，房屋置换成本增加，家庭结构发生巨大变化，人们在一套房子里居住的周期拉长，越来越多的购房者尤其是追求高性价比产品的客群，更向往空间灵活可变，可满足不同生活阶段、多种居住生活需求的住宅。

户型设计是一份项目产品设计报告的关键部分。从企业和产品角度出发,户型设计要能体现4点:

① 产品户型能分类优化,符合市场和消费者需求,性价比高;

② 能对当下住宅产品的发展现状和未来趋势有准确甚至超前的研判;

③ 能用户型设计体现企业对市场主流产品的判断力;

④ 用户型设计体现行业发展水平,全面提升人居舒适度、功能性、隐私性及居家社交等多种需求。

户型设计无论如何创新,都要基于目标客户群、基于不同家庭、基于不同市场阶段对产品功能的不同需求。不同定位的产品,户型设计要点及加分项不一样,具体有如下3点:

① 中端高性价比户型设计注重功能性,舒适感是加分项;

② 高端豪宅型户型注重尊崇感及舒适性,主卧配置、附加空间是加分项;

③ 有限面积内尽可能提高户型空间利用率或实际使用面积。

（4）建材设备科技化

人们的生活已经全面进入高科技时代。房地产项目的产品设计也跟着与时俱进,以便更贴近知识经济时代人们的生活方式和消费心理。房地产企业需要通过选择产品建材和功能设备,运用高科技建筑材料和配置去实现这些目标,保证每一位消费者高水准的生活品质,为项目增添更多科技趋势卖点和产品竞争力。

（5）社区管理智能化

社区管理智能化技术已经成为各类房地产产品的标配。每个房地产项目都要打造自己的产品网络化、信息化、智能化新功能社区。闭路电视监控、门磁、窗磁、可视对讲、防灾报警及应急联动等智能化安防系统可全面保证业主生活居住安全和健康。

（6）物业服务人性化

物业管理决定了楼盘的品质和价值,是项目产品竞争力的重要部分,更是企业品牌的重要内涵之一。

如今的物业管理理念已从物业管理提升到物业服务高度,是房地产项目服务力的重要组成部分。物业管理定位和规划是一个房地产项目产品设计的重要构成。国内房地产开发行业标杆企业,早已启动了从传统物业服务向智慧化、跨界化、生态化、服务力转型升级。处于房地产项目开发后端的物业服务项目及水平，已经逐渐成为物业公司之间相互竞争的重要指标。

## 4.3 撰写房地产项目产品设计报告的 5 大步骤

撰写房地产项目产品设计报告，共有 5 大步骤：消费者需求分析、市场定位分析、规划设计分析、质量工期控制、物业管理策略。

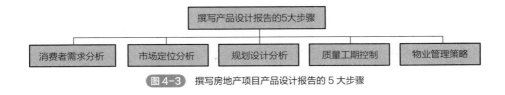

图 4-3 撰写房地产项目产品设计报告的 5 大步骤

### 4.3.1 消费者需求分析

消费者需求分析是产品设计的第一步，主要包括 3 方面内容：居民收支及消费概况分析、住房消费者需求分析、商铺消费者需求分析。

#### 4.3.1.1 居民收支及消费概况分析

居民收支和消费概况分析包括 3 个方面。

① 国民经济及社会发展情况分析。这点要从区域经济增长、产业结构、房地产状况、消费等方面做分析。

② 居民人均可支配收入情况分析。这些要从近 3～5 年居民收入情况分析，并做成可分析和说明的数据图表来表示。

③ 居民消费情况统计分析。参考专业调查机构每年发布的"全国居民人均消费支出及构成"调查表，明确居民消费情况统计的内容，主要包括：食品、服装、医疗保健、交通和通信、教育及娱乐、居住、其他消费等方面的消费情况，做出分析统计后分别列出。

#### 4.3.1.2 住房消费者需求分析

为让住房消费者需求分析的结果直观而明了，要借助清晰的可视性图表表示出来。

### 4.3.1.3 商铺消费者需求分析

一个房地产项目的开发，都具有一定的商业配套。项目周边商铺需求者的需求分析是房地产项目产品设计报告分析的重要内容之一。

**（1）区域内商铺产品需求统计**

项目所在区域内商铺产品需求分析，主要围绕产品特点从商铺面积和商铺价格两个方面做统计。

**（2）商铺购买者需求分析**

项目所在区域内商业店铺购买者对商铺的需求情况，要从影响购买者意愿的产品特点和购买偏好两方面来分析，如购买偏好包括铺位价格、面积大小、交通便捷程度、发展及升值潜力、周边商业氛围等（图4-4）。

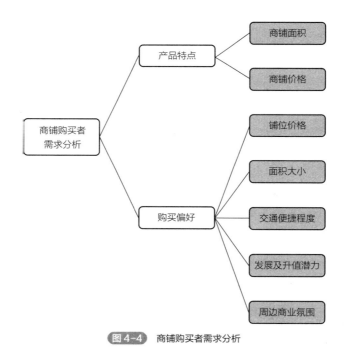

图4-4　商铺购买者需求分析

## 4.3.2　市场定位分析

优秀的房地产策划人必须具备的一项专业能力是市场定位能力。市场定位是房地产项目产品设计报告的第二部分内容，是房地产策划做好项目开发和后期经营必不可少的前提性工作。

房地产项目市场定位是营销策划的核心和本源，是根据目标市场的客群需求特征，对项目产品做出的具体规划。市场定位是项目在完成市场研究和分析后，有目的性、有选择性、有针对性地选定目标市场，确定消费群体，明确项目档次的过程。有效的营销策略来自精准的市场定位，它决定项目未来的销售成果，决定项目最终的经济收益。

很多房地产策划人把市场定位等同于产品定位，这是对市场定位工作理解的偏狭。项目市场定位还包括更多的研究工作，产品定位只是项目定位的一个结果呈现，归纳起来要做4类定位：区域范围定位、目标客户群定位、产品定位及建筑风格定位。

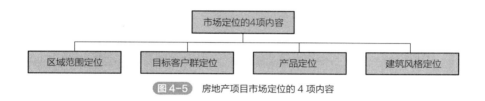

图 4-5　房地产项目市场定位的 4 项内容

### 4.3.2.1　市场定位中的 4 类定位

**（1）区域范围定位**

项目区域范围定位是指对项目地块所在区域的定位。一个产品的区域市场范围由目标客户市场需求量决定，而不是产品本身。因此，做项目区域范围定位本质上是做客户市场需求研究。

项目区域范围定位研究要从4个方面进行：①项目地理位置；②辖区面积；③人口与居民生活；④经济发展。在实际研究中，如果觉得以上4个方面不能支持调研得出的判断，可以酌情增加新的分析因素。这样做的目的是深度挖掘区域优劣势，进一步确定项目区域范围定位，为下一步精准锁定项目的目标客户人群做好基础。

**（2）目标客户群定位**

目标客户群定位是做好房地产项目市场定位的重要内容之一。做好目标客户群定位，目的是准确找到项目的目标客户群。在分析大量调研数据的基础之上，初步确定项目目标客户群，在此基础上分析客户群的消费力，为产品定位和价格定位打下良好的基础。

确定目标客户群的途径是锁定一个项目的目标客户群，需要借助目标客户群分析的常规指标，区分出消费者的重要需求和兴奋需求，从而得出目标客户群的分析结论。具体方法如图4-6所示。

图 4-6　房地产项目目标客户群特征分析方法

确定一个项目的目标客户群通常有4种路径：

① 地理上确定项目销售区域；
② 确定目标客户群的人文特点；
③ 借助调研清晰描述客户群的内在心理特点；
④ 描述目标客户群的外在行为特征。

确定目标客户群定位的作用有3点：

① 从地理、人文、心理、行为等多方面全方位刻画出客户群特征，为项目营销推广提供依据；
② 结合市场分析，精准锁定目标客户群的生活习惯、消费习惯、居住意识等核心特征，为项目市场定位和营销定位提供推广方向；
③ 归纳出目标客户群的消费行为特点，即包含目标客户群的年龄、收入、区域、工作特点、家庭结构、生活态度、性格需求特征、生活品质需求特征、价值观、消费观等主要特征，最终为产品定位提供依据。

（3）产品定位

在产品策划时代，产品定位对产品销售非常关键。项目产品定位是对项目市场营销过程中的战略、策略、战术等一系列概念的明确界定。在分析宗地位置、整体环境及房地产市场后对产品属性和形式做出决策,让产品因此具有排他性。

好的产品定位依赖精准的市场研究、客户分析研判,还要考虑企业成本、企业财务状况,进行全盘的产品考量决策,更是对土地、客户、市场、运营的深入理解与合理匹配的过程。

做好房地产项目的产品定位具体来说就是做好关于产品的4件事:

① 项目价格定位,无论是经济适用型中档小区,还是豪华舒适型高档住宅;

② 找到项目产品所处档次梯度,从总价范围、户型面积、产品水平等方面对项目一一定位;

③ 明确产品精准配比,如89平方米户型需要多少,要占整体户型数的比例;105平方米的户型需要多少,要占整体户型数的比例;

④ 明确每种产品适合哪些客群,打动他们的产品卖点是什么。

(4)建筑风格定位

项目总体建筑风格定位由市场需求和项目定位来确定。首先要从3个方面分析本项目:

① 小区地域特点、品质定位适合什么风格与形象;

② 哪种建筑风格更适合本项目;

③ 项目的建筑风格适合运用哪种色彩。

#### 4.3.2.2 市场定位的4大关键分析图

房地产项目市场定位的4大关键分析图包括市场环境分析图、客户定位分析图、客户细分定位分析图、项目产品定位分析图,如图4-7～图4-10所示。

### 4.3.3 规划设计分析

项目产品设计报告的第三部分是项目的规划设计分析部分。

一个房地产项目所有关于项目定位、目标消费群定位、价格定位、产品定位、营销定位等重要理念,都会体现在产品规划设计报告中。就是说,房地产项目的规划设计最终要实现项目所有策划理念的部分。

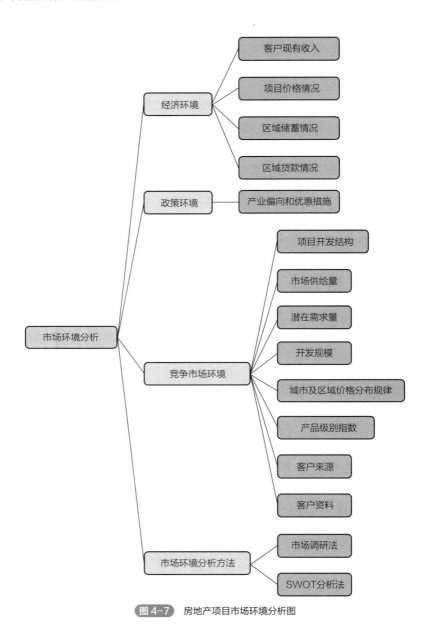

图 4-7 房地产项目市场环境分析图

### 4.3.3.1 规划设计要求

（1）规划设计不能与项目整体定位脱节

好的规划设计必须与市场紧密结合才能让产品具有竞争力。房地产项目的规划设计阶段，往往容易犯项目整体定位和规划设计脱节等错误。如果设计师没有时间

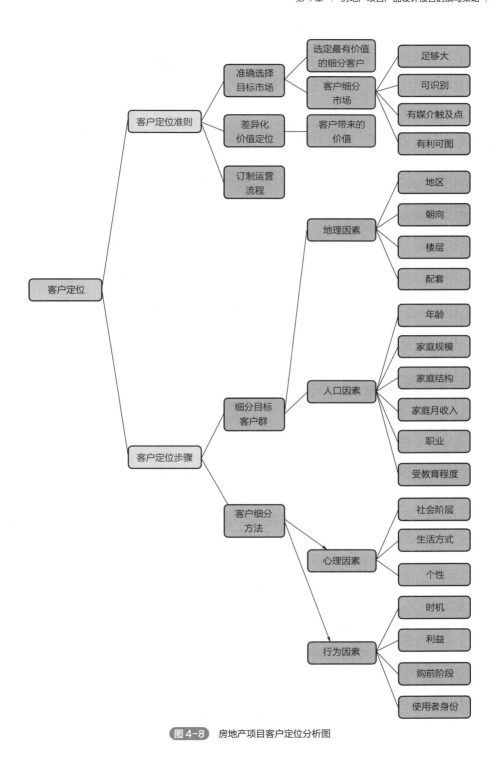

图 4-8　房地产项目客户定位分析图

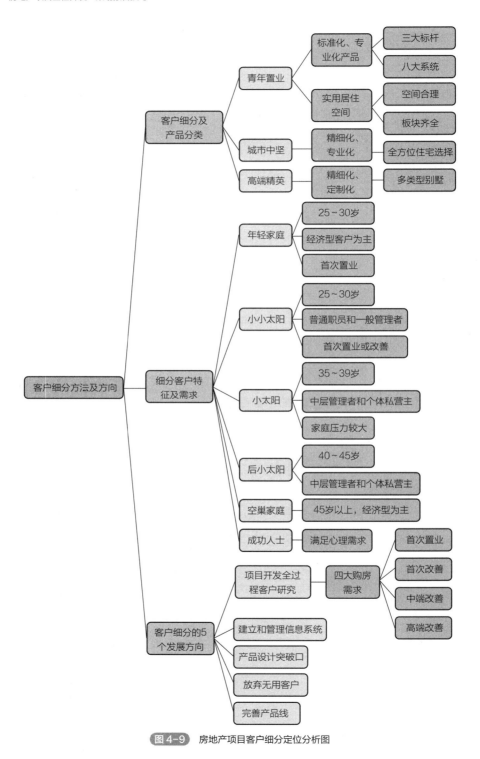

图 4-9　房地产项目客户细分定位分析图

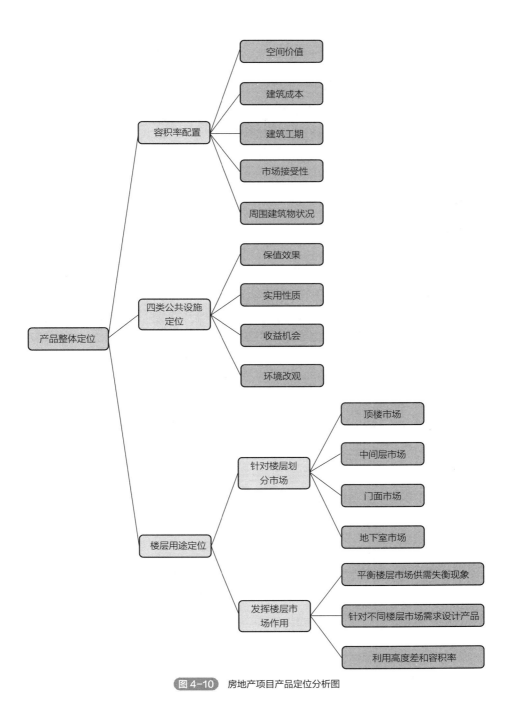

图4-10 房地产项目产品定位分析图

做产品深入研究，规划设计没有从使用功能、市场定位、建筑技术运用上做深入细致、专业的研究，一味采用先入为主的规划设计模式，会为项目埋下一系列运作隐患。当市场上产品供应量达到饱和，这些问题会集中爆发出来。

（2）规划设计应关注未来的真实生活方式

每个房地产项目都需要一个项目的"总规划师"，在总体上自始至终对策划、运营、规划、建筑设计、景观环境设计保持科学的控制，让该房地产项目设计始终关注未来的真实生活方式。在规划设计层面，真正考虑整体街区风貌、生活场景、文化氛围和商业运营。

规划设计报告主要由6大内容构成：地块规划概况、设计构思、道路系统布局、绿化系统布局、公共建筑与配套系统及户型设计（图4-11）。

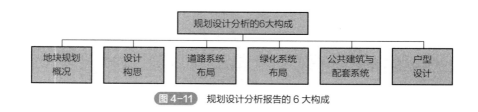

图4-11 规划设计分析报告的6大构成

### 4.3.3.2 项目地块规划

项目产品设计报告的地块规划要依据地块的3类现状：项目所属区域现状、项目临界四周现状、项目地貌现状。一个项目的地块情况分析包括3大块内容：

① 规划部门下达设计控制要求，包括用地面积、使用性质、使用强度（容积率、建筑密度、绿化率）和停车数量等；

② 对于已建项目规划，简要叙述已建项目规划即可；

③ 项目规划设计依据，与项目地块规划相关的政府法规、条文和要求等。

### 4.3.3.3 项目设计构思

房地产项目规划构思的重点是设计创新。设计创新是指在实施方案可行的基础上具备别出心裁的风格。要达到4点要求：科技、实用、舒适、便利。

项目设计构思要能回答3个问题。

① 项目应遵循哪些规划理念和规范？

② 项目设计指导理念是什么？

③ 项目预备设计产品有怎样的特色及物业服务？

#### 4.3.3.4　道路系统布局

房地产项目的道路系统布局，是指项目区域交通环境的排布方式，涉及本区域内交通环境状况及未来发展状况分析和规划。

项目道路设置及说明内容有3项：

① 主要出入口设置；

② 主要干道设置及其说明，包括主干道、次干道和人行道；

③ 项目停车场布置，包括停车场数量和位置。

#### 4.3.3.5　绿化系统布局

绿色发展理念已深入所有城市的规划发展建设中。在很多地块项目中，规划设计会将城市支路、绿化带、人行道、商业街面、外摆统合在整个区域内进行规划，以保障楼盘与地块间的联动性。对房地产住宅类项目的绿色建筑设计要采取相应策略，以平衡绿色发展与房地产开发间的关系，改进绿化技术，优化系统布局。

总体来说，项目的绿化系统布局要做5个方面的分析及说明（图4-12）：

① 地块周边环境景观说明，主要分析周边环境有无公园、河流、湖泊、小溪等自然景观；

② 区域市政规划布局及未来发展方向说明；

③ 分析区域内绿化系统现状及其未来规划说明；

④ 项目绿化景观系统分析说明；

⑤ 规划项目中的绿化景观系统说明，如小区中心景观、组团中心景观、架空绿化、宅前及沿路绿化、楼顶绿化。

#### 4.3.3.6　公共建筑与配套系统

房地产项目的公共建筑配套要与开发项目统一规划设计，同步配套建设，按规定交付使用。项目公共建筑与配套系统内容分析主要包括两方面：

① 房地产项目所在地周边市政配套设施调查，主要调查宗地周边市政配套设施。如学校、医院、酒店、购物中心、银行、邮局、体育馆等，并说明周边缺乏的配套设施；

② 房地产项目配套功能配置及安排。即结合项目周边已有配套，规划出项目应配置的配套设施。

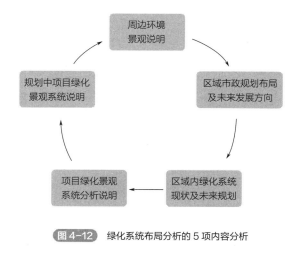

图 4-12　绿化系统布局分析的 5 项内容分析

### 4.3.3.7　户型设计原则

户型是房地产项目产品最重要的部分。房地产开发企业的产品竞争力就体现在两点：精细研究户型，打磨空间魅力。一个项目要做好产品，关键在于了解目标客户的本质需求。对购房者来说，既需要纸面上的惊艳户型图，更需要真实的居住感受和空间体验。

好的项目户型设计要具备 5 大特点：

① 针对客户需求做出合理的设计；

② 具备精细的户型布局及空间取舍；

③ 能保证不同面积的居室户型不同；

④ 根据户型比、面积比得出项目主力户型、亮点户型及其他相辅助户型；

⑤ 项目进入后期营销宣传销售中，不同户型都各有侧重的营销推广点。

具备以上 5 大特点，项目的户型设计要遵循以下 5 项原则。

（1）舒适原则

舒适原则，是指产品的各大功能区的联系良好，既独立又有私密性。例如，朝向客厅开的房门不能太多，否则会打破卧室私密性，又让空间显得拥挤。

（2）节能原则

节能反映在户型设计上，主要是指能节省能源和建材。节能主要考虑的有两点：通风和采光。比如，夏天能利用自然风降温，冬天能利用太阳能保暖等。

（3）合理原则

许多房地产项目推广户型卖点都会强调户型的"方正合理""南北通透""干湿分离"等卖点。中国人对合理户型的认识有2个关键点：

① 首先必须方正合理，便于各类家具摆放；

② 空间通透性，即尽可能实现多房间朝南，确保良好的光照、通风和采暖。

（4）安全原则

居住安全性要从生理和心理两方面分析：

① 生理安全体现在结构、防盗、防火上，能防御自然灾害等，具备基本安全性能。安全性要求包含私密性要求，功能空间能对外对内体现业主私人空间功能；

② 心理安全性主要体现在防止视线干扰和噪声干扰。

（5）灵活原则

从建筑设计角度，灵活性是每个设计师遵循的原则。在不影响房屋安全和质量的前提下，购房者能根据自身情况进行灵活改造。如起居厅和阳台间的设计做非承重墙，业主可根据实际需要打掉原墙，重新改变空间格局。

## 4.3.4 质量工期控制

房地产项目产品设计报告的第四部分是质量工程控制部分。任何一个项目的工程都是由3个部分构成的复杂体系：分项工程、分部工程和单位工程。里面包含许多工序和执行环节。一个房地产项目的施工质量管理，小到一个工序施工操作、一批材料的检验，大到一个单位工程质量控制，都要抓住各分项、各分部工程质量的控制重点采取相应措施。

质量工期控制环节的内容包括以下6个方面：质量建设管理控制、建设监督质量控制、施工质量因素管理、工期进度控制管理、项目安全控制管理、施工控制管理。

### 4.3.4.1 质量建设管理控制

所有项目管理的职能和过程都是项目质量管理的职能和过程。管理内容包括3个方面：项目决策质量、项目计划质量、项目控制方式。

项目质量控制目一般包括3项内容：质量目标、质量控制活动内容和进度、质量控制活动采用标准等。建设项目的质量管理，需要简要阐述工程项目质量含义，并按项目建设工程的不同阶段采取不同策略,实施分阶段管理(图4-13)。若项目还有其他管理要求,可按照项目个案情况再实施增减。

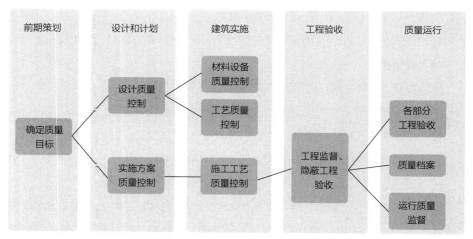

图4-13 房地产项目质量分阶段管理的策略方法

#### 4.3.4.2 建设监理质量控制

我国的工程质量管理,主要依赖已经推行20多年的建设工程监理制度。工程监理在房地产项目建设中起到的核心作用是全面管理工程质量。工程监理制度是房地产项目类建设工程质量、建设工程管理水平和投资效益达到要求的重要保障。较高的工程质量源于高标准的质量要求。房地产项目开发在选择工程监理时要保证使用严格和专业的筛选标准。

(1)运用PDCA循环管理法

一个项目工程质量的好坏,最终取决于承包单位的工作。监理工程师质量控制工作必须通过承包单位的实际工作才能发挥作用。因此,在建设过程中监理工程师把承包单位质量管理工作纳入自己的控制系统中并选用PDCA循环管理法,对工程质量进行控制(图4-14、表4-1)。

(2)质量控制原则

任何建筑工程质量的控制原则,都应以人为核心,坚持预防为主,坚持质量标准,坚持公正、科学、守法的职业规范。

(3)质量控制任务

根据房地产项目具体情况,分析项目决策阶段、设计阶段、施工阶段的质量控制。

图4-14 房地产项目 PDCA 循环管理法的 4 大工作方式

表4-1 PDCA循环管理法的含义和执行步骤

| 循环管理 | 含义 | 详细步骤 |
| --- | --- | --- |
| PDCA内容 | P（计划） | 确定方针和目标，确定活动计划 |
| | D（执行） | 实地去做，实现计划中的内容 |
| | C（检查） | 对比实际工作结果和预期目标，检查计划执行效果 |
| | A（处理） | 肯定成功经验并适当推广、标准化；总结失败教训；未解决问题放到下一个PDCA循环 |
| 执行步骤 | Plan | 分析现状，找出存在问题；<br>分析产生问题的原因或影响因素；<br>找出问题的主要原因或主要影响因素；<br>制定措施，提出行动计划； |
| | Do | 实施行动计划 |
| | Check | 评估结果（分析数据） |
| | Action | 标准化和进一步推广 |
| | | 在下一个改进机会中重新使用PDCA循环 |

### 4.3.4.3 施工质量因素管理

项目施工质量因素管理有7方面内容：

施工人员质量管理、原材料构配件质量管理、施工机械设备质量管理、采用施工、检验方法质量管理、生产技术环境、管理环境质量管理等。

项目工程施工质量控制有5大管理措施：

① 完善质量管理体系；

② 加强施工规划管理；

③ 科学设置质量控制点；

④ 加强施工过程质量控制；

⑤ 加强施二企业人才管理与培训。

#### 4.3.4.4 工期进度控制管理

工期进度控制管理是指在工程项目各建设阶段所编制的进度计划，是指在该计划实施中，不断检查实际进度是否按要求进行的管理过程。如发现进度有偏差，则要分析产生偏差的原因，项目管理要采取补救措施或调整、修改原计划，直至工程竣工交付使用。

（1）项目工期进度控制的影响因素

工期进度控制的影响因素主要包括5个方面：

① 人的干扰因素；

② 材料、机具、设备的干扰因素；

③ 基地干扰因素；

④ 资金干扰因素；

⑤ 环境干扰因素。

（2）工期进度控制的主要任务

工期进度控制的主要任务包括3点：

① 进度管理方面严格执行公司各项管理制度；

② 进度管理过程中稳抓"两头工期"；

③ 运用计算机管理和网络技术科学安排各工序和各部分项目工程施工作业计划。

（3）工程建设设计阶段的进度控制

本部分内容包括3个：确定设计进度目标、建立设计进度控制计划体系、采取进度控制措施。

（4）项目进度计划的管理规定

监理工程师根据现场具体情况与承包商所做的开工准备工作，可以制定适合于项目进度的计划管理规定。一般包括两方面内容：工程费用流动计划和项目进度建议（表4-2）。

表4-2 工期进度控制管理内容

| 控制点 | 主要内容 |
| --- | --- |
| 影响因素 | 人的干扰因素，材料、机具、设备干扰因素，基地干扰因素，资金干扰因素，环境干扰因素 |

（续表）

| 控制点 | 主要内容 |
|---|---|
| 主要任务 | 严格执行公司各项管理制度，狠抓"两头工期"，运用计算机管理和网络科学技术安排各工序和分部分项工程施工作业 |
| 设计阶段 | 确定设计进度目标、建立设计进度控制计划体系、采取进度控制措施，进行准备工作，初步设计、技术设计、施工图设计有明确进度目标 |
| 计划管理 | 工程费用流动计划和项目进度建议 |

#### 4.3.4.5 项目安全控制管理

项目安全控制管理是贯穿于整个施工管理全过程的工作。安全控制管理的内容要点是：

① 建立安全生产、文明施工保证体系，加强职工安全生产、文明施工教育。

② 针对重要分部、分项工程的特点，制定针对性安全技术措施和专项安全生产施工方案。阶段性安全工作要按不同阶段明确不同工作重点，做好防范。如基础施工阶段的重点是设置好支护及围挡。

③ 项目安全控制管理的5大阶段，即施工准备阶段、基础施工阶段、结构施工阶段、项目装修阶段、施工现场阶段（表4-3）。

表4-3 项目安全控制管理的5大阶段及工作要求表

| 项目工程阶段 | 安全控制管理工作要求 |
|---|---|
| 施工准备阶段 | 形成安全管理体系及组织架构 |
| 基础施工阶段 | ①成立安全隐患巡检小组；<br>②项目工程组派人全程监督，每周至少检查一遍；<br>③将检查结果、整改结果进行公示 |
| 结构施工阶段 | 安全维护施工班组人员固定，未经甲方同意，乙方不得改为他用 |
| 项目装修阶段 | ①制定安全文明施工专项方案；<br>②建立安全生产责任制；<br>③明确各工种安全技术操作规程，按规定设专职安全员；<br>④特种作业人员证件齐全 |
| 施工现场阶段 | ①制定脚手架施工方案、设计计算书、进行审批备案；<br>②检查现场与实施方案是否相符；<br>③料台扎设、扫地杆、剪刀撑地设置、立杆基础、立杆搭接、架体与结构拉结、架体垂直度、脚手板铺设、安全事故应急救援预案 |

#### 4.3.4.6 施工控制管理

施工控制管理主要有3大工作目标：实现施工现场控制、施工场地规范、施工现场环境保护。

（1）施工现场控制

施工现场控制点及主要内容，详见表4-4。

表4-4　施工现场控制点及主要内容

| 控制点 | 主要内容 |
| --- | --- |
| 施工现场管理 | 房地产工程项目经理部门负责做好施工现场管理 |
| 标牌设置 | ①现场门口设置承包人标志；<br>②现场入口醒目位置公示相关内容：工程概况牌、安全纪律牌、防火须知牌、安全无重大事故计时牌、施工总平面图、项目经理部门组织架构及主要管理人员名单图等 |
| 常规巡视 | 把施工现场管理与日常管理有机结合，列入经常性巡视检查内容 |
| 安全稳定 | 经常听取邻近单位、社会公众意见和建议，随时根据反馈进行改进，防止出现影响社会安定团结的事件 |

（2）施工场地规范

施工控制管理中的施工场地规范包括5类：

① 施工平面图规划、设计、布置、使用和管理；

② 布置所需设备、物料、生产和生活临时设施等；

③ 施工物料器具执行管理标准；

④ 周边设置临时围护设施；

⑤ 设置畅通排水沟渠系统。

（3）施工现场环境保护

根据施工现场环境保护要求的规定，为保护和改善生活环境与生态环境，防止建筑施工作业造成污染和扰民，保障建筑工地附近居民和施工人员身体健康，施工单位做好环境保护工作。从防止大气污染、防止水污染、防止噪声污染、室内环境污染控制、其他污染控制方面采取措施。

## 4.3.5　物业管理策略

房地产项目产品设计报告第五部分内容是物业管理策略。一个房地产项目的成功，除了具备准确的定位，精准的开发、合理的户型设计和规划功能布局这些硬件，物业管理也是房地产开发企业间要比拼的"内功"。优秀的物业公司需要建立一套科学化、专业化、规范化的管理体系来实施管理。

（1）物业运营指标分析

做房地产项目物业管理服务，要先了解项目特点和实际情况，根据项目各类指标做出详细的项目管理分析表，再根据这些分析做出物业规划管理。

① 了解项目物业指标，了解影响项目管理的因素，了解项目业主群体的特征及消费偏好（表4-5）。

② 了解项目运营指标，包括总用地面积、总建筑面积、停车位等客观指标（表4-6）。

表4-5　房地产项目各类物业指标分析

| 项目概况 | 分析内容 |
| --- | --- |
| 项目物业指标 | ①项目总用地面积<br>②总建筑面积（住宅总建筑面积、公共建筑总建筑面积、商业总建筑面积、车库面积）<br>③建筑基底面积<br>④道路用地<br>⑤停车位<br>⑥容积率<br>⑦建筑密度<br>⑧绿化率<br>⑨户数等 |
| 影响小区管理的因素 | ①小区建筑形式<br>②业主数量<br>③绿化率 |
| 业主群体特征及消费偏好 | ①绿化注重程度<br>②小区文化认同感<br>③居民间身份认同感<br>④居住环境满意度 |

表4-6　房地产项目各类运营指标数据分析表

| 技术经济指标 | 详情内容 | 数据 |
| --- | --- | --- |
| 总用地面积 | | |
| 总建筑面积 | | |
| 停车位 | | |
| 容积率 | | |
| 建筑密度 | | |
| 绿化率 | | |

（2）物业服务体系

一般来说，房地产项目的物业管理是以业主自治与物业管理企业专业管理相结合的模式进行。物业管理服务一般有两种：无偿服务、有偿服务（表4-7）。物业管理公司会根据项目特色，再制定合适、细化的管理原则以维持日常运营。

表4-7 房地产项目服务内容分析表

| 服务类型 | | 物业服务管理细则 |
| --- | --- | --- |
| 无偿服务 | 提供信息查询 | 餐饮单位信息、家政服务公司信息、搬家公司信息、居家装饰公司信息等 |
| | 提供紧急救援服务 | 居家常识介绍、装修施工队、开办图书杂志阅览室、开办妇女活动室、为业主办理费用缴纳、提供运动场地、设置便民箱等 |
| 有偿服务 | 家政类 | 提供钟点工家政服务、提供定时小孩代管服务、提供家庭绿化服务 |
| | 医疗类 | 开设社区健康服务中心、开设家庭病床、送医送药、护理到家 |
| | 维修类 | 提供家电维修安装服务、维修室内水电线路管道、室内（墙、门、地、窗）装修、票务服务（车、船、机票） |
| | 文体类 | 提供娱乐设施、提供租用书、不定期举办讲座、开设培训班和兴趣班等 |

物业管理的服务质量控制是物业管理规范的核心内容。主要包括服务形式、服务流程和服务质量。

好的物业管理需要从设备安全、物业服务、物业运营3个方面出发，把控好物业管理服务质量（图4-15）。物业管理达到消费者满意的程度后，可从服务人员

图4-15 项目物业服务3大类客户触点

配置、服务工具配置、服务标准、服务内容及服务品牌5大方面再制定具体的标准。物业管理公司必须不断加强物业服务品质管理，将服务标准落到业主感知到的实处。

（3）物业商铺管理

一个楼盘的商铺装修管理也是物业服务的重要内容。核心工作包括以下3个方面：

① 对商铺装修的监督。

② 装修工程图纸的审核和存档。

③ 业主装修时对图纸的监管及管理。社区商铺对原有系统做更改时，业主需出示装修单位提交更改后的图纸，并监管其做到业主所改系统与小区系统连为一体。修改后的消防系统与小区消防系统须融为一体，所更改存档消防图纸须由消防局签字确认。

另外，商铺用房管理还包括要配合居委会做到以下3点：

① 搞好商业网点"门前三包"，制止"六乱"；

② 配合派出所组建各商家治安联防队和义务消防队，定期组织联合训练和演习；

③ 配合环保部门加强对商家"三废"排放的监督。

（4）物业管理基本内容

一个房地产项目的物业管理有11项主要工作，如表4-8所示。

表4-8　物业管理基本内容

| 管理点 | 详细内容 |
| --- | --- |
| 物业管理早期介入 | ①参与物业决策阶段规划设计，比如，配套设施、环境附属工程、保安消防；<br>②参与施工阶段工作，如指导施工、把关质量、掌握物业最新情况；<br>③参与验收和做好准备阶段工作，比如，竣工验收、房屋移交验收 |
| 公共设施设备管理 | 制定公共设施设备管理目标和管理措施 |
| 安全管理 | ①安全管理目标；<br>②安全管理措施；<br>③紧急情况应急处理措施 |
| 装修管理 | ①日常装修管理；<br>②装修安全管理 |
| 消防管理 | ①建立消防组织机构；<br>②建立各项消防制度；<br>③制定防火措施； |

（续表）

| 管理点 | 详细内容 |
|---|---|
| 消防管理 | ④进行消防知识培训；<br>⑤进行消防设备管理等 |
| 车辆管理 | ①制定车辆进入及停车场内管理条例；<br>②制定管理员管理制度 |
| 清洁管理 | ①明确人员配置及岗位职责；<br>②明确工作流程；<br>③明确质量管理工作标准 |
| 客户档案管理 | ①填写各类客户入住资料；<br>②填写申请表格；<br>③填写维修记录；<br>④签订合同；<br>⑤签订合作协议；<br>⑥做好收费记录 |
| 与客户日常沟通 | ①微信群、物业公众号、电话、信件、张贴广告及面对面等形式；<br>②登门或约见，定期或不定期拜访业主或住户；<br>③组织专题或系列活动；<br>④开展小区文化活动；<br>⑤应邀参加业主大会等方式 |
| 处理业主/客户投诉 | 按照企业管理流程和原则处理业主及客户纠纷 |

（5）管理费用设置

根据项目定位和特色，参考市场上其他模式，在为业主提供优质服务的前提下，制定出让业主接受的管理费用标准。

物业管理费用的收取受用户收入水平高低的限制，应服从优质优价原则。所以，物业管理费收取标准的确定要遵从5大原则：

① 不违反国家和地方政府有关规定；

② 与用户收入水平相适应；

③ 优质优价，兼顾各方利益；

④ 管理方微利原则；

⑤ 公平平等原则。

# 第 5 章
# 房地产项目投资测算报告的撰写策略

任何一个经营者,都希望通过科学的经营计算让手中的钱赚来更多利润。房地产项目开发也情同此理。一个房地产项目想获得更好的经济效益,须在项目开发前期阶段即投资决策阶段就做出精准的经济投资测算。

开发企业做出的项目经济投资效益评价,处在房地产项目开发中的投资测算环节,核心内容是测算一个房地产项目的投入及产出的比例,付出与回报的大小。

投资是一门专业度很高的技术活。一份房地产投资测算报告,主要会涉及投资、成本、销售或出租收入、税金、利润等经济量,是房地产开发投资测算分析的主要参数。这些经济变量的获取过程非常繁琐,其准确性对评估结果有重要影响。

开发企业的项目投资测算主要分两种。

① 企业外部投资测算。是指企业拓展拿地环节,存在多种投资测算方式。

② 企业内部投资测算。是指多种决策功能的投资测算报告,测算过程涉及细碎而具体的专业知识。

## 5.1 投资测算及融资报告的撰写要求

一份优秀的房地产项目投资测算报告有 2 个核心功能:

① 对项目提出全面的经济效益评价分析;

② 根据分析结果确定项目市场定位,优化产品组合,调整开发策略,保证项目

能获得最大收益。

房地产投资测算主要包括4个方面：

① 投资计划；

② 各种税费、项目利润计算、融资计划和成本、投入成本计算；

③ 投资指标、现金流指标、利润率指标的分析；

④ 对整个投资结论做出决策和判断，这是房地产开发企业科学拿地的决策逻辑和识别项目投资风险最关键的环节。

### 5.1.1　投资测算的价值

房地产投资测算的主要价值是成为企业项目开发中3类决策的判断依据：

① 筹集基本建设资金和金融部门批准贷款的依据；

② 确定设计任务书的投资额和控制初步设计概算的依据；

③ 可行性研究和在项目评估中进行经济技术分析的依据。

对从事房地产项目开发的企业而言，开发企业自身形成的固定资产很少，有的甚至是零。对很多企业来说，一个房地产项目总投资就等于房地产项目开发的总成本费用。如果企业不能事先做好精确的投资估算，让项目在开发过程中的成本变得不可控制，最终结果就是项目因为成本过高导致停滞烂尾，甚至企业开发资金链断裂。

需要指出的是，投资测算虽然只是一种经济测算，但仍需要企业具备科学和严谨的精神。项目的投资收益分析非常重视现金流测算，因为项目开发的很多不确定性一定存在，因此，在项目经济测算中，应当详尽指出各种不确定性因素以确保项目资金投入正确。

### 5.1.2　投资测算的流程

进行房地产项目的投资测算，需要至少9大类前提条件：项目概况、投资计划、设计及工程规划指标、销售计划、土地成本、建筑安装成本、销售费税、经营物业假设、资金筹措方案等。

进行房地产项目的投资测算，先要确定一个逻辑过程，一共可以分3步（图5-1）。

① 模拟一个项目开发运营的现金流，借助专业定量指标论证，明确项目作为一种经济投资的可行性。

② 一个房地产项目的投资测算，最终要形成一系列带判断依据的数据报告，如核心评价指标、现金流量图、敏感性分析等。

③ 房地产项目投资测算的数据报告，要汇总进项目可行性研究报告中，经过论证得出测算结果，最终成为本项目投资决策和立项的经济依据，辅助投资者做出是否投资的决策。

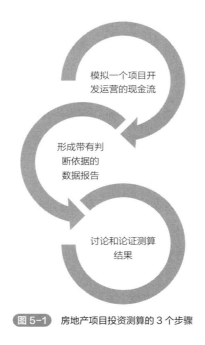

图 5-1　房地产项目投资测算的 3 个步骤

## 5.1.3　投资测算的 4 大主要指标

项目的投资测算，可分为两种：静态测算和动态测算。

静态测算，是对项目成本支出及整体收入所进行的静态分析计算，通过销售和利润两个指标来判断项目收益情况。计算公式很简单：

$$利润 = 收入 - 成本$$

在静态测算中，项目好坏的评价指标为净利润率，方法非常实用和简单。必须注意的是，静态测算只能讲清楚项目的利润空间有多少，不反映股东的资金使用效率。正因如此，大部分港资背景的房地产企业和上市房地产开发公司还采用动态测算，核心是对现金流进行预测，项目好坏的评价指标为内部收益率。

#### 5.1.3.1 静态测算

一般情况下，房地产策划人学测算，都是先从静态测算开始。因为这种测算方法的结构相对简单，容易理解和计算，罗列的内容都是房地产开发的全部成本和收入。

（1）全部成本

房地产项目开发的全部成本包括10类，如表5-1所示。

表5-1 房地产项目成本费用表

| 成本类 | 详细内容 |
| --- | --- |
| 土地成本 | ①土地使用权出让金：参照政府同期出让的类似地块的出让金数额，也可依据城市人民政府颁布的城市基准地价或平均标定地价；<br>②土地征用及拆迁安置补偿费；<br>③土地转让费：指土地受让方向土地转让方支付的土地使用权转让费；<br>④土地租用费：指土地租用方向土地出租方支付的费用；<br>⑤土地投资折价：非常常见的合作开发项目的模式 |
| 前期费用（开工前） | ①规划及设计费；<br>②报批报建费；<br>③招标费；<br>④勘察费；<br>⑤三通一平费及临建费；<br>⑥可行性研究费 |
| 建筑安装工程费 | ①土建工程费：包含基础工程、地下室工程、主体工程、门窗幕墙工程、室内精装、公共部位精装及临水临电等；<br>②安装工程费：包含室内水电暖管线设备及安装等 |
| 公共配套基础设施费 | ①大市政配套费；<br>②上下水；<br>③电、气费；<br>④有线电视；<br>⑤智能化费：包含小区园林景观费用 |
| 开发间接费用 | 独立核算单位在开发现场组织管理所发生的各项费用：包括工资、福利费、折旧费、修理费、办公费、水电费、劳动保护费、周转房摊销和其他费用等 |
| 开发运营三项费用 | ①管理费用；<br>②财务费用；<br>③营销及销售费用 |
| 开发其他费用 | ①临时用地费和临时建设费；<br>②工程造价咨询费；<br>③总承包管理费；<br>④合同公证费； |

（续表）

| 成本类 | 详细内容 |
|---|---|
| 开发其他费用 | ⑤施工执照费；<br>⑥工程监理费；<br>⑦竣工图编制费；<br>⑧工程保险费等 |
| 开发期税费 | ①土地增值税；<br>②增值税；<br>③所得税 |
| 不可预见费 | ①股东借款资本化的费用；<br>②营销设施建设费用 |
| 修理费用 | ①以出租或自营房地产项目方式获得经营收益期间发生的物料消耗；<br>②意外发生的其他维修费用 |

**（2）主要收入**

主要收入为房地产项目的销售收入。现在的房地产开发企业，其销售收入都会包含增值税。所以，进行项目投资测算时要注意，整个测算是否需要除去增值税项目。

**（3）利润计算**

用静态测算方法测算项目利润，方法比较简单：

净利润＝总收入－总成本

房地产项目开发用静态测算方法计算利润，是以总建筑面积为计算标准，具体计算数值是使用房地产行业内平均开发费用水平（以2019年行业常规标准为例）。

① 土地税费与前期费。一般为土地费的15%左右，各地标准不一样，一般为100～500元/平方米。

② 工程费用。一般占到3000～4000元/平方米，设计费用一般为15～100元/平方米。

③ 基础设施费用。一般为500～800元/平方米。

④ 开发间接成本（不含借款资本化）。一般为100元/平方米。

⑤ 营销费用与管理费用。一般按照总销售额进行提点（1%～3%）。其中，广告、策划、销售代理费一般为30～200元/平方米。

⑥ 土地增值税、增值税、所得税。三项均有相应计算公式，通常为33~70元/平方米，占总成本的比例在15%以上。

以上是相对简化的计算口径。可以看到，项目的静态测算比较简单，一张表能全面地罗列所有测算项目和数值，能呈现出开发费用的所有问题，逻辑上清晰完整。在日常实践中，检查测算是否有误，从静态测算着手是快捷有效的方式。

### 5.1.3.2 动态测算

现在大部分房地产开发企业做投资测算普遍采用动态测算。方式是制作一份Excel总表，在这个表里再嵌套十几张分项目表。

**（1）动态测算的嵌套表格不容易掌握**

尽管大部分房地产开发企业都实现了管理标准化，这份Excel总表有3大制作特点：

① 能将勾稽关系嵌套到位；

② 对表格做了锁定，需要手动填写的部分降至最低；

③ 整个表格用起来更加"一键化"，减轻使用者的操作负担。

很多开发企业一张大表里嵌入十几张表的做法，让新员工感到无从下手。即便是房地产项目投资策划的熟手，碰到一套全新的测算体系，想完全理解里面的勾稽关系和主要指标，也要花费很长时间才能熟练使用。

**（2）理解动态测算嵌套表格需具备专业水准**

房地产投资测算的新手和熟手，都有看不懂动态测算表格的时候，原因是表格非常多，且整个表格逻辑复杂。

房地产策划人如何快速学会看动态测算，有3个步骤。

① 明白动态测算和静态测算的差别，关键看表格包含的时间轴线。每个动态测算表里，都有一个时间轴。时间轴上展示的是3大项目在各时间段的现金流情况：收入项、成本项、融资项。

② 看明白表格中的收入和成本的运营假设。动态测算中的大部分表格都对收入项和成本项作单独的运营假设。表里还会再附带几份辅助表格，如规划业态指标数据、取费标准数据、土地增值税计算数据等有助于使用者快速理解此表的数据。

③ 看懂关键两张表。最重要的表格是现金流量表和成本利润表（静态）。前者用来测算企业最关心的IRR（内部收益率）数据，后者能直观感知项目基本利润情况。

**（3）两种测算各有优劣**

静态测算展示的是测算基本原理，动态测算更关注资金利用效率，对持有型物业适用性更强。两种测算方式的优劣分析，见表5-2。

表5-2 静态测算的优劣分析

| 项目 | 优势 | 劣势 |
|---|---|---|
| 静态测算 | 简单直观，实用性强 | ①对资金使用效率关注不够；②所测算出的利润均为账面利润，如碰到棚改、商办、持有等问题，难以真实评判项目好坏 |
| 动态测算 | ①考虑全面、充分。能完成结构复杂的业态测算；②更能反映房地产高负债行业中股东自有资金的投入和产出情况 | ①项目的各收入项、成本项、融资项均难达到标准化；②所有测算数据都是假设，计划和实际有出入，会造成测算内部收益率结果与实际情况误差较大 |

在静态分析中，用销售利润判断项目收益情况。在动态分析中，不仅考虑静态的经济指标，还要对项目每年或每半年开发节奏及收支情况做出预估分析，通过计算经济指标判断项目可行性。

一般的销售项目，仅进行静态分析即可大致对项目的可行性得出结论。其主要参考指标为：权益楼面地价、销售利润率。对存在较大量自持经营物业（如商场、写字楼及酒店）的项目，则需进行动态分析，其主要参考指标为：IRR（内部收益率）、EBITDA（税息折旧及摊销前利润）。

### 5.1.3.3 项目评价指标

评价一个房地产项目是否具备投资价值，要分析项目的各项经济指标，可参考3个指标，并依据这些指标做出综合的考虑与评判：

① 销售利润率；

② IRR，即内部回报率（Internal Rate of Return），又称内部收益率；

③ EBITDA（税息折旧及摊销前利润）即未计利息、税项、折旧及摊销前的利润。

### 5.1.3.4 参考评价指标

房地产参考评价指标分析，见表5-3。

表5-3 房地产参考评价指标分析

| 评价指标 | 指标含义 | 释义或计算公式 |
|---|---|---|
| 权益楼面地价 | 获取开发建设土地的总成本（包括土地出让金、旧改拆迁安置成本、回迁物业建筑安装成本等）均摊至未来项目可用于销售或自持经营的建筑面积 | — |

（续表）

| 评价指标 | 指标含义 | 释义或计算公式 |
| --- | --- | --- |
| 销售利润率 | 项目税前及税后的销售利润和利润率是销售项目的两项重要评价指标 | 销售利润率=销售利润/项目销售总收入 |
| IRR—内部回报率（Internal rate of return） | 又称内部收益率，是指项目投资实际可望达到的收益率。它是能使项目的净现值等于零时的折现率 | 在考虑了时间价值的情况下，计算项目投资可望达到的报酬率 |
| EBIT（earnings before interest and tax） | 即息税前利润，从字面意思可知是扣除利息、所得税之前的利润 | 即未计利息、税项前利润 |
| EBITDA | 即息税折旧摊销前利润，是扣除利息、所得税、折旧、摊销之前的利润 | 计算公式为EBITDA=净利润+所得税+利息+折旧+摊销，或EBITDA=EBIT+折旧+摊销 |
| ROA—资产收益率（Return on Assets, ROA） | 又称资产回报率，是用来衡量每单位资产创造多少净利润的指标 | 资产收益率=净利润/资产总额 |
| ROE—净资产收益率又称股东权益收益率 | 是净利润与平均股东权益的百分比，是公司税后利润除以净资产得到的百分比率，该指标反映股东权益的收益水平，用以衡量公司运用自有资本的效率 | 净资产收益率=税后利润/所有者权益 |

## 5.1.4 投资测算阶段的精准度要求

在房地产项目投资决策阶段，尤其是两个主要阶段，即项目投资机会研究阶段或初步可行性研究阶段，项目投资测算有3点要求：做出简要测算分析模型；测算逻辑清晰；一一分析出本项目的特殊性。

在一个运营良好的房地产企业内部，需要决策层做出投资价值判断的项目有很多。企业内各相关岗位执行者，每人每月要分析评判几十个项目。从一个企业的人力、财力和时间上说，决策团队无法为每个项目一一做出详细测算。因此，房地产项目开发处于初级阶段时，项目投资测算分析首先要保证一点，即效率优先。

房地产项目处于不同阶段，对投资测算的要求不同，对投资测算精度要求也不同。一般来说，一个房地产项目的开发，按开发环节的时间顺序，大致可以分为三个阶段：项目投资机会研究阶段，初步可行性研究阶段以及可行性研究阶段。三个开发阶段所对应的精度要求分别是：匡算、概算以及精算。此外，还要合理优化测算，出具开发总纲领。

（1）匡算

在项目投资机会研究的初级阶段，这一步的投资测算主要任务是根据开发项目的立项设想和平均单价估算投资总额，从投资收益角度，初步判断本项目开发是否可行。项目的投资测算可相对粗略，精准度可在30%左右浮动。

（2）概算

在项目初步可行性研究阶段，这一步的投资测算需要根据初步计划的开发项目和较确切的单价估算投资项目投资总额，决定一个项目是否可行。项目投资测算精准度可在20%左右浮动。

（3）精算

在房地产项目进入真正的可行性研究阶段，这一步的投资测算主要是根据较详细的开发项目计划和较准确的单价估算出项目的投资总额。这个阶段的测算，需要借助非常精细的项目测算模板；企业内部能实现更多的跨部门合作；还需要到现场实地勘察，要把投资测算报告的假设条件一项项复核，检查测算报告是否有遗漏，或有没有错误的假设。通过完成这三个步骤的精算，决定该房地产项目是否可行。这个阶段的项目投资测算要非常精准，项目投资测算精确度只能在10%以内浮动。

（4）合理优化测算

一个房地产项目到了确定方案阶段，就到了方案细化、合理优化的阶段。这个阶段的投资测算要做到两点：追求实事求是和进行对标分析。即把本阶段方案跟之前的可行性研究做比较。

这个阶段所做的方案应合理优化，要体现出所有的优化策略是开发企业的主观原因，还是基于市场的客观原因，以便给企业开发留够制定补救措施的空间。

（5）出具开发总纲领

房地产项目进入实质性开发阶段，投资测算报告就变为项目的经营总纲领。所有的开发和执行活动，都要以这个总纲领为核心，项目开发团队的所有部门都要围绕着这份总纲领，定期检查和实施调整，基于市场和现实，持续优化执行方案，以确保各项目开发目标一一达成为首要目标。

## 5.2　投资测算方案的6大结构

从本质上看，做房地产项目投资测算，要搞明白3件事：项目要投资多少，项目收入来自哪里，项目能有多少利润。一般来说，项目投资测算方案有6大结构（图5-2）。

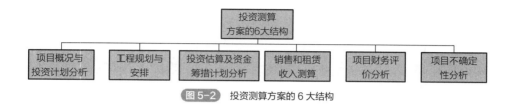

图 5-2　投资测算方案的 6 大结构

### 5.2.1　项目概况与投资计划分析

房地产项目投资是资本所有者将其资本投入房地产行业，以期在未来获取预期收益的一种经济活动。因为投资形式多样，且存在一定风险，在投资每个项目前都要对项目概况及投资计划进行分析（图5-3）。

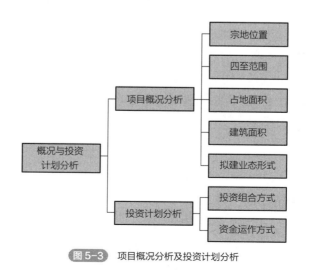

图 5-3　项目概况分析及投资计划分析

### （1）项目概况分析

项目概况分析内容包括以下几大方面：宗地位置、四至范围、占地面积、建筑面积及拟建业态形式等内容，分析项目概况最好能给出该项目的主要技术经济指标。

### （2）投资计划分析

房地产项目开发建设周期长，需要大量周转资金，单个开发企业很难凭自身经济实力完成整个项目的开发和运营。企业普遍会采用多种投资组合方式减轻融资压力，增加项目资金流通能力，降低开发商风险，使项目顺利开发。

一份房地产项目投资计划分析报告，要涉及投资组合方式和资金运作方式两大内容。

撰写投资计划分析报告有3个目的：简述项目开发投资所需资金；分析企业自有资金是否足够；分析企业所缺资金从哪些渠道来。

一般来说，房地产开发企业的资金来源有3种渠道：自有资金、向银行贷款和预售收入（图5-4）。在项目的投资计划分析报告中，能对开发企业的资金运作和房地产项目投资资金的运作方式做出大致分析即可。

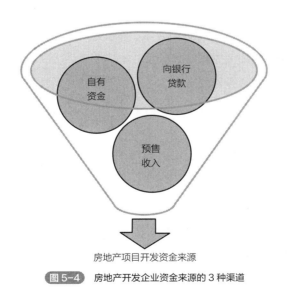

房地产项目开发资金来源

图5-4　房地产开发企业资金来源的3种渠道

## 5.2.2　工程规划与安排

房地产企业开发一个项目要经历比较长的建设周期，企业总体投资的金额也比较大，各阶段不可预见的因素非常多，因此造成项目对市场反应非常敏感。这决定了项目在工程规划这一环节的把控不能疏忽，这个环节直接影响企业开发资金安排、明确最佳销售时机等重大决策。工程规划与安排主要有两大内容（图5-5）。

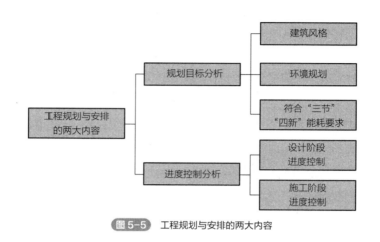

图5-5　工程规划与安排的两大内容

#### 5.2.2.1　规划目标分析

规划是房地产项目开发最基本的要素，不仅是消费者购房时最关心、最先考虑的条件之一，更是开发企业在市场检验中，判断投资是否成功的关键一环。

房地产项目的规划主要包括5点：

① 单一空间的房型设计；

② 室内功能；

③ 延伸至整个大楼或小区的面积（格局）配比；

④ 外观造型；

⑤ 社区环境和总体功能规划等。

根据项目个案，需要从以下3个方面叙述项目规划目标：建筑风格、环境规划、符合"三节""四新"能耗要求。

**（1）建筑风格**

从建筑本身来说，风格能让一所住宅获得审美和辨识度两重效果。

对房地产开发企业来说，良好的建筑风格对楼盘促销有积极意义。对消费者来说，有风格的建筑能获得认同，使人精神上愉悦。

房地产项目开发中用到的建筑风格种类多样，最常见的10种风格是地中海建筑风格、意大利建筑风格、法式建筑风格、英式建筑风格、德式建筑风格、北美建筑风格、新古典主义建筑风格、新中式建筑风格、现代主义建筑风格以及综合类建筑风格。

(2)环境规划

住宅类建筑是以居住为功能主体，并且需要合理布置各种配套功能区。

住宅楼投影面积所占面积比例即建筑密度，要控制在整体项目占地面积的30%以下，绿化用地要能超过整体项目占地面积的30%。住宅环境规划应着眼于建设住宅区的生态环境系统。在住宅区的空间布置上要做到两点：

① 考虑生态环境，保证住宅区有充足日照，空气清新，通风良好，水面洁净；
② 最大可能扩大区域内的绿化面积。

项目的整体环境规划设计应着眼于满足以下4个方面（图5-6）：景观配置层次丰富、社区人际交往方便、发展立体景观、有社区文化空间。

图5-6　项目整体环境规划的4大要求

(3)符合"三节""四新"能耗要求

建筑耗材、耗能在社会整个能源消耗中占较大比重。由于土地资源有限，房地产项目开发规划必须符合国家号召的"三节"要求：节能、节地、节材。

房地产产业发展带动了水泥、钢材等一系列建筑材料行业的发展。让居住建筑单体设计和公共建筑单体设计在重视建筑造型、外墙外边线长度、建筑材料使用、建筑群体组合方面，有了新技术、新结构、新材料、新能源的"四新"体系（图5-7）。

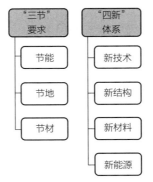

图 5-7　房地产项目开发规划"三节""四新"能耗要求

## 5.2.2.2　进度控制分析

在房地产项目开发中,进度控制最能体现策划人和操盘者的专业能力,这也是项目销售目标得以完成的核心保证。

**(1) 设计阶段进度控制**

项目设计阶段是项目实施阶段中影响工作的关键阶段,设计进度控制最终目标是按质、按量、按时间要求提供设计文件。

通常,一个项目的设计计划要分为 4 个阶段:设计准备阶段、规划设计阶段、初步设计阶段和施工图设计阶段。

项目的进度控制计划也相应分为:项目设计总进度计划、阶段性设计进度控制计划、设计进度作业等。

**(2) 施工阶段进度控制**

施工阶段是房地产项目目标能否实现的决定性环节。任何一个房地产项目的开发和运营,都存在着施工周期长、影响因素复杂的特点,施工进度控制历来是整个项目进度控制最重要、最棘手的环节。

在工程项目建设过程中,工程项目的实际进度往往无法按计划进行,实际进度与计划进度常常存在偏差,甚至还出现非常严重的滞后现象。原因就在于工程项目建设庞大、复杂、周期长、协作单位多。解决这个问题,要对施工阶段的进度做好分类控制,突出节点,明确目标责任。主要的分类控制方法有 4 种。

① 按施工阶段分解工程进度,重点是突出控制节点,在不同施工阶段确定重点控制对象,制定施工细则,保证控制节点目标的实现。

② 按施工单位分解工程进度,重点是明确分包目标。以项目的总进度为根本,

明确各个单位的分包目标，通过签订合同责任书落实分包责任，以分头实现各自的目标来确保总目标的实现。

③ 按专业工种分解工程进度，重点是确定交接时间。在不同专业和不同工种任务之间，进行综合平衡，强调相互间的衔接配合，确定相互交接的日期，强化工期时间性，保证总体的工程进度不在本工序内延误。通过控制各道工序完成的质量与时间，最后保证各分部工程进度计划的实现。

④ 按总进度计划的时间要求分解工程进度。将施工总进度计划分解为年度、季度、月度和周进度计划，按照时间严格推行。

### 5.2.2.3 工程规划与安排实操

房地产项目建设方式的确定，通常采用公开招标方式选择施工单位，聘请工程监理，有效控制项目工期、成本和质量。

项目的进度安排，拟用3年分3期进行（表5-4）。

表5-4 项目分段工程进度周期

| 进度安排 | 时间（以3年分3期为基准） |
| --- | --- |
| 设计及开工准备（初步设计及施工图设计、三通一平、报建、招标等） | 3个月 |
| 住宅主体建筑（基础、主体、外装及设备） | 18个月 |
| 室外环境配套（道路、管网、环艺、验收等） | 15个月 |

（1）项目周期设定

项目开发正式启动时间设定为项目规划方案通过规划部门审批的时间，并以此时间为项目开发周期起始日。

根据外协配套设计、施工等资源能力，初步设定各主要阶段工程进度周期。如根据项目基地及规模情况，从项目基地较成熟的路段渐次向一个方向推进，按总建设面积1/3左右为一个工程流水节奏，间隔6个月（两季度左右）动工时间，形成项目整体开发形象及市场影响。

（2）分段周期设定

正式启动时间为项目规划方案通过规划部门审批的时间，设此时间为项目开发周期的起始日；开发计划安排，根据规划方案及开发总周期、各主要阶段工程周期设定，本项目开发粗略计划拟订，见表5-5。

表5-5 项目实施计划表

| 项目工程计划表 | | | | | | | | | | | | |
|---|---|---|---|---|---|---|---|---|---|---|---|---|
| | 第1月度 | 第2月度 | 第3月度 | 第4月度 | 第5月度 | 第6月度 | 第7月度 | 第8月度 | 第9月度 | 第10月度 | 第11月度 | 第12月度 |
| 开发计划 | | | | | | | | | | | | |
| 设计及开工准备 | | | | | | | | | | | | |
| 初步设计及施工图设计 | | | | | | | | | | | | |
| 三通一平 | | | | | | | | | | | | |
| 报建 | | | | | | | | | | | | |
| 招标 | | | | | | | | | | | | |
| 住宅主体建筑 | | | | | | | | | | | | |
| 基础 | | | | | | | | | | | | |
| 主体 | | | | | | | | | | | | |
| 设备 | | | | | | | | | | | | |
| 室外环境配套 | | | | | | | | | | | | |
| 道路 | | | | | | | | | | | | |
| 管网 | | | | | | | | | | | | |

## 5.2.3 投资估算及资金筹措计划分析

房地产投资策划最关键的职责内容是：房地产市场调研、项目定位、成本测算、拟定合同等工作。其中，投资估算是投资策划的基本功之一。一般的项目投资估算及资金筹措计划，都要涉及以下内容的估算和分析：总投资估算、开发总成本估算、投资成本分摊计算、项目资金筹措、项目投资计划分析（图5-8）。

### 5.2.3.1 总投资估算

房地产开发项目总投资包括两部分：开发建设投资、经营流动资金。

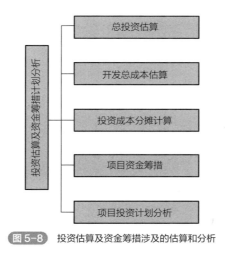

图5-8 投资估算及资金筹措涉及的估算和分析

（1）开发建设投资

开发建设投资也是固定资产投资，指开发期间内完成房地产产品开发建设所需投入的各项成本费用。包括土地费用、前期工程费、基础设施建设费、建筑安装工程费、公共配套设施建设费、开发间接费、管理费用、财务费用、销售费用、开发期税费、其他费用以及不可预见费等。

（2）经营流动资金

指房地产开发企业用于日常经营周转的资金。

### 5.2.3.2 开发总成本估算

对于房地产开发项目而言，项目投资总成本费用是由开发成本、项目开发费用、开发期税费组成（图5-9）。

（1）项目开发成本

房地产项目开发成本费用构成的详细内容，如表5-6所示。

表5-6 房地产项目开发成本费用构成表

| 估算项目 | 项目内容 |
| --- | --- |
| 土地取得费 | 土地使用权出让金、土地征用及拆迁安置补偿费等 |
| 前期工程费 | 水文和地质勘察丈量费（项目勘察测绘、工程放线费等）、规划设计费、可行性研究费、报批报建费、三通一平、临时设施费等 |
| 建筑安装工程费 | 桩基、电梯、水电安装、通信、普通装修、土建工程、消防、媒体、智能化设施等 |

（续表）

| 估算项目 | 项目内容 |
|---|---|
| 基础设施费 | 供电工程、供水工程、电信工程、煤气工程、绿化工程、道路工程、排水工程、社区管网工程费 |
| 市政公共建筑配套设施建设费 | 卫生院、超市、邮政、电信营业厅、储蓄所、物业管理处、垃圾压缩站、变电站等 |
| 开发间接费用 | 配套设施建设费、建筑工程质量安全监督费、供电用电负荷费、物业管理基金和其他费用 |
| 不可预见费 | 项目不可避免会受到种种不确定因素影响，衍生出一些不可预见费用。这部分费用可按开发成本第2～5项费用（即前期工程费、建筑安装工程费、基础设施费及市政公共建筑配套设施建设费）之和乘以固定费率计算。在成本构成中一般不会超过总成本的10% |

（2）项目开发费用

房地产项目的开发费用是指管理费用、销售费用、财务费用。开发投资估算的对象是与房地产开发项目有关的管理费用、销售费用和财务费用的总和（图

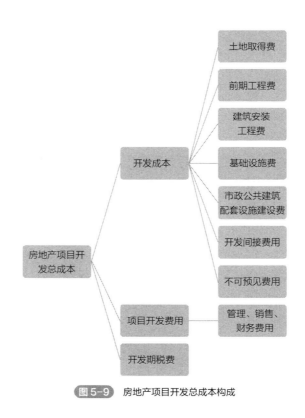

图5-9　房地产项目开发总成本构成

5-10）。按照本书前面所列开发成本的1～5项费用（即土地取得费、前期工程费、建筑安装工程费、基础设施费及市政公共建筑配套设施建设费）之和为基数，再乘以固定费率计算后得出。

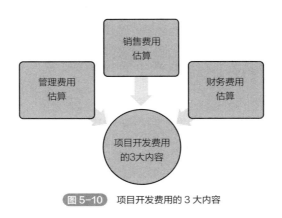

图 5-10　项目开发费用的 3 大内容

① 管理费用估算。管理费用指房地产企业行政管理部门为组织和管理房地产项目的经营活动而发生的各种费用：管理人员工资、工会经费、业务接待费、职工教育经费、劳动保险费、待业保险费、董事会费、咨询费、审计费、诉讼费、房产税、土地使用税（企业管理用房）、车船使用费、技术开发费、无形资产摊销、开办费摊销等各种费用。

管理费用可按项目投资或前述1～5项直接费用为基数，再乘以行业常规的3%计算。

② 销售费用估算。销售费用是开发项目在销售产品过程中发生的各项费用及专设销售机构或委托销售代理费用的各项费用总和。主要内容是广告宣传及市场推广费（约为项目总销售收入的2%～3%）、销售代理费（约为总销售收入的1.5%～2%）、其他销售费用（约为销售收入的0.5%～2%）。

③ 财务费用估算。指项目因筹集资金而发生的各项费用的总和。主要内容有：借款和债券的利息、金融机构手续费、保险费、融资代理费、外汇总净损失以及其他财务费用。另外，长期借款利息、流动资金借款利息计算详见"借款还本付息估算表"。利息外的财务费用可按利息的10%估算。

房地产投资项目的借款还本付息估算表，提供的是项目债务状况信息，描述的是项目开发经营过程中债务本息的分布状况，为项目经营决策和财务决策、偿债能力分析提供重要依据。依据项目还本付息估算表，能进行如下财务分析：①分析项目债务清偿能力；②协助安排短期贷款；③研究资金筹措方案的合理性。

比如，某房地产开发项目，建设期为3年。第1年借款1000万元，第2年借款2000万元，第3年借款3000万元。项目建设完毕后开始销售，预计每年的销售收入足以还本付息。贷款方的条件是年利率为8%，建设期结束后5年内等额还本付息。该项目的借款还本付息估算如下。

建设期各年应计利息：

第1年应计利息=（0+1000÷2）×8%=40万元

第2年应计利息=（1040+2000÷2）×8%≈163万元

第3年应计利息=（1040+2000+163+3000÷2）×8%≈376万元

第3年末借款累计：本金＋利息=6000+40+163+376=6579万元

（3）开发期税费

开发期税费是指项目在开发过程中所负担的各种税金和地方政府或有关部门征收的费用。比如配套设施建设费、建筑工程质量安全监督费、供电用电负荷费、物业管理基金和其他费用等。在很多大中城市，这部分税费是开发建设项目投资构成中占比较大的费用。各项税费应当根据当地有关法规标准估算。

### 5.2.3.3 投资成本分摊计算

住宅项目投资面积分摊计算方法，如"公用建筑面积=整栋建筑建筑面积-套内建筑面积之和-不应分摊建筑面积""面积分摊系数=公用建筑面积/套内建筑面积之和""分摊公用建筑面积=套内建筑面积×公用建筑面积分摊系数"。

关于投资分摊部分，基本原则是所有总投资均应分摊到可售（可租）面积中去。具体细则如下：按投资各项成本来分摊；按各分项中各功能使用容量大小分摊的，则按各功能面积比例来分摊，项目各种税费中与工程有关的，按同一分项功能工程成本比例分摊，与工程无关的则按功能面积比例分摊（表5-7~表5-9）。

第 5 章 | 房地产项目投资测算报告的撰写策略

表5-7 房地产开发企业本年共同（间接）成本分摊明细表（1）

纳税所属年度： 年

| 纳税人名称（公章） | | 纳税人识别码 | |
|---|---|---|---|
| 本年共同（间接）成本归集起始日 | | 本年共同（间接）成本归集截止日 | |
| 本年共同（间接）成本发生总额 | | | |
| 项目 | 金额 | 项目 | 金额 |
| 1. 土地征用及拆迁补偿费 | | （2）安装工程费 | |
| （1）土地买价或出让金 | | 4. 基础设施建设费 | |
| （2）市政配套费 | | 5. 公共配套设施费 | |
| （3）耕地占用税、契税 | | 其中：预提费用 | |
| （4）土地使用费、闲置费 | | 6. 开发间接费用 | |
| （5）拆迁补偿支出、安置及动迁支出 | | （1）工资及福利费 | |
| （6）其他 | | （2）折旧费 | |
| 2. 前期工程费 | | （3）修理费 | |
| （1）水文地质勘测 | | （4）办公费 | |
| （2）规划、设计 | | （5）水电费 | |
| （3）可行性研究 | | （6）劳动保护费 | |
| （4）筹建、场地通平 | | （7）工程管理费 | |
| （5）其他 | | （8）利息支出费 | |
| 3. 建筑安装工程费 | | （9）周转房摊销 | |

145

（续表）

| 纳税人名称（公章） | | 纳税人识别号 | | | | | |
|---|---|---|---|---|---|---|---|
| 本年共同（间接）成本归集起始日 | | 本年共同（间接）成本归集截止日 | | | | | |
| 本年共同（间接）成本发生总额 | | | | | | | |
| 项目 | 金额 | 项目 | | 金额 | | | |
| 其中：预提费用 | | （10）项目营销设施建造费 | | | | | |
| （1）建筑工程费 | | （11）其他 | | | | | |

共同（间接）成本在不同期的分摊及纳税调整明细

| 本项目共分几期 | | | | 每一期占地面积 | | （ ）期 面积： | | （ ）期 面积： | |
|---|---|---|---|---|---|---|---|---|---|
| 成本项目 | 总金额 | 分摊方法 | 计算分摊比例的分母金额 | 一期 | | 二期 | | | |
| | | | | 分摊比例 | 分摊金额 | 纳税调整金额 | 分摊比例 | 分摊金额 | 纳税调整金额 |
| 1.土地征用及拆迁补偿费 | | | | | | | | | |
| 2.公共配套设施 | | | | | | | | | |
| 3.借款费用 | | | | | | | | | |
| 4.其他成本费用 | | | | | | | | | |
| 合计 | | | | | | | | | |

企业法人代表声明：本人知悉并保证本企业提供的资料真实、完整、准确，并承担因资料虚假而产生的法律和行政责任

（签名） 年 月 日

注：本表为本年发生的共同（间接）成本，需要在项目各期进行分摊时填写。

表5-8 房地产开发企业本年共同（间接）成本分摊明细表（2）

纳税所属年度：　　年

| 纳税人名称（公章） | | 纳税人识别码 | |
|---|---|---|---|
| 本年本期共同（间接）成本归集起始日 | | 本年本期共同（间接）成本归集截止日 | |
| 由(1)表转入应本期分摊的金额 | | 本项目为（　）期 | |
| 项目 | 金额 | 项目 | 金额 |
| 1.土地征用及拆迁补偿费 | | (2) 安装工程费 | |
| (1) 土地买价或出让金 | | 4.基础设施建设费 | |
| (2) 市政配套费 | | 5.公共配套设施费 | |
| (3) 耕地占用税、契税 | | 其中：预提费用 | |
| (4) 土地使用费、闲置费 | | 6.开发间接费用 | |
| (5) 拆迁补偿支出、安置及动迁支出 | | (1) 工资及福利费 | |
| (6) 其他 | | (2) 折旧费 | |
| 2.前期工程费 | | (3) 修理费 | |
| (1) 水文地质勘测 | | (4) 办公费 | |
| (2) 规划、设计 | | (5) 水电费 | |
| (3) 可行性研究 | | (6) 劳动保护费 | |
| (4) 筹建、场地通平 | | (7) 工程管理费 | |
| (5) 其他 | | (8) 利息支出费 | |
| 3.建筑安装工程费 | | (9) 周转房摊销 | |

（续表）

| 纳税人名称（公章） | | 纳税人识别码 | |
|---|---|---|---|
| 本年本期共同（间接）成本归集起始日 | | 本年本期共同（间接）成本归集截止日 | |
| 由（1）表转入应本期分摊的金额 | | 本项目为（ ）期 | |
| 项目 | 金额 | 项目 | 金额 |
| 其中：预提费用 | | （10）项目营销设施建造费 | |
| （1）建筑工程费 | | （11）其他 | |
| 本期发生的共同（间接）成本金额 | | | |
| 由（1）表转入应本期分摊的金额 | | | |
| 本期共同（间接）成本需要分摊的金额 | | | |

共同（间接）成本在不同成本对象中的分摊及纳税调整明细

| 成本项目 | 分摊方法 | 计算分摊比例的分母金额 | 总金额 | 成本对象一 | | | 成本对象二 | | |
|---|---|---|---|---|---|---|---|---|---|
| | | | | 分摊比例 | 分摊金额 | 纳税调整金额 | 分摊比例 | 分摊金额 | 纳税调整金额 |
| 1. 土地征用及拆迁补偿费 | | | | | | | | | |
| 2. 公共配套设施 | | | | | | | | | |
| 3. 借款费用 | | | | | | | | | |
| 4. 其他成本费用 | | | | | | | | | |
| 合计 | | | | | | | | | |

注：本表为本年发生的共同（间接）成本，需要在各个成本对象间进行分摊时填写。

第5章 | 房地产项目投资测算报告的撰写策略

表5-9 房地产开发企业开发成本分摊明细表

纳税所属年度： 年

| 纳税人名称（公章） | | 纳税人识别码 | |
|---|---|---|---|
| 成本对象名称 | | 成本对象具体栋号 | |
| 本成本对象开工时间 | | 本成本对象完工时间 | |
| 1.本成本对象直接成本发生总额（以下均为合计金额） | | | |
| （1）建筑成本 | | | |
| ①人工费 | | | |
| ②材料费 | | | |
| ③机械费 | | | |
| ④现场经费 | | | |
| ⑤其他直接费 | | | |
| （2）安装成本 | | | |
| （3）规费 | | | |
| （4）预提费用 | | | |
| （5）其他费用 | | | |
| 2.本成本对象分配的共同（间接）成本 | | | |

149

（续表）

| 纳税人名称（公章） | | 纳税人识别码 | |
|---|---|---|---|
| 成本对象名称 | | 成本对象具体栋号 | |
| 本成本对象开工时间 | | 本成本对象完工时间 | |

3. 本成本对象开发总成本

开发成本在已销开发产品、未销开发产品和固定资产中的分摊及纳税调整明细

| 完工项目名称及栋号 | 期前销售开发产品面积 | 期前销售开发产品 | | 本期销售开发产品面积 | 本期销售开发产品 | | | 未销开发产品面积 | 未销开发产品 | | | 本期转作固定资产面积 | 本期转作固定资产 | | |
|---|---|---|---|---|---|---|---|---|---|---|---|---|---|---|---|
| | | 分摊比例 | 分摊金额 | | 分摊比例 | 分摊金额 | 纳税调整金额 | | 分摊比例 | 分摊金额 | 纳税调整金额 | | 分摊比例 | 分摊金额 | 纳税调整金额 |
| 合计 | | | | | | | | | | | | | | | |

注：本表为一个成本对象发生的开发成本，需要在已销、未销、转自用分摊时填写。

### 5.2.3.4 项目资金筹措

很多房地产企业为了满足自身对资金规模和资金期限结构的需求，减少对自有资金的占用，提高资金使用效率和利润率，都会在开发中采取多元化的融资方式。

与其他行业相比，房地产开发运作的资金有5个特点：①占用多且集中；②资金占用时间长；③周转速度慢；④筹措力度受政策影响大；⑤筹措渠道多但来源较集中。

房地产企业用于投资的投资资金来源有3种：自有资金、银行贷款及预售收入。

房地产开发企业的资金筹措渠道很多，归纳起来基本有8大类：自有资金、银行贷款、证券融资、信托私募、预售预租、带资承包、合作开发、其他方式等主要筹资渠道（图5-11）。

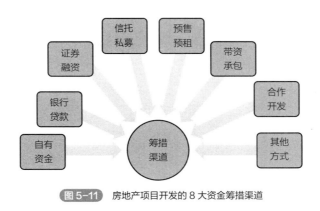

图5-11 房地产项目开发的8大资金筹措渠道

**（1）自有资金**

随着房地产市场不断被调控，国家对房地产开发的政策定位是继续坚持"房住不炒"。根据《国务院关于调整和完善固定资产投资项目资本金制度的通知》（国发〔2015〕51号）：房地产开发项目，保障性住房和普通商品住房项目最低自有资金维持20%不变，其他项目资金由30%调整为25%。

房地产开发商自有资金由5大部分组成，即资本金、资本公积金、未分配利润、盈余公积金及其他自有资金。

需要注意的是，项目运作过程中随着投资主体及投资额变化，资本金也处于变化之中，当企业实有资金比注册资金增加或减少20%以上，则资本金需进行变更登记。

### (2) 银行贷款

房地产项目开发的银行贷款融资方式有两种（图5-12）：

① 按贷款担保方式分，包括企业信用贷款、抵押质押贷款、第三人担保贷款；

② 按贷款用途分类，包括土地储备贷款、房地产开发贷款、固定资产贷款、流动资金贷款等。

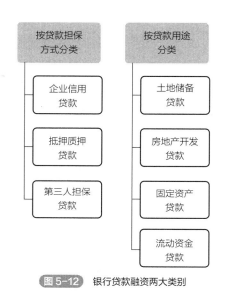

图 5-12　银行贷款融资两大类别

### (3) 证券融资

证券融资有两种方式：股票融资和债券融资。

股票融资财务灵活，可增强信用。但筹资成本较高，限制条件多且控制权分散。

债券融资资金成本低，控制权有保证，财务杠杆作用大。但筹资风险高，限制条件多且筹资额有限。

### (4) 信托私募

房地产开发过于依赖银行贷款和证券融资会产生两个问题：限制条件较多，融资困难；融资受国家政策影响较大，融资结构的不稳定性渐增。

信托融资和私募基金融资有3个特点，即结构优越、安排灵活、能实现快速融资，逐渐成为房地产企业的融资主流。

### (5) 预售预租

预售预租形式的融资，主要特点是无资金成本，资金回笼快。

### （6）带资承包

带资承包通常有多种形式：全额垫资施工、部分垫资施工、支付保证金、按照项目进度付款。

### （7）合作开发

合作开发是指拥有土地使用权、开发资质、建设资金等要素的不同当事人之间用共同出资、共担风险、共享利益的合作方式建造房屋的行为。合作方式主要有3种：合伙制联建、房屋参建、项目公司式合作。

### （8）其他方式

除了主流融资渠道，房地产项目开发还有其他方式，如利用外资、ABS（通过上交所等交易所发行资产支持证券）模式、BOT模式（build-operate-transfer，建设-经营-转让），PPP（public-private-partnership，即"公共私营合作制"）模式融资等。

## 5.2.3.5　项目投资计划分析

制定项目投资计划时必须要衡量的问题有3个：

① 项目实施进度计划是否能与筹资计划相吻合；

② 对各项不同渠道开源资金使用是否合理；

③ 项目投资使用计划安排是否科学合理。

一个项目如果要拟定未来投资计划，应该对3个问题做出预判：

① 未来房价是否持续增长；

② 如何看待政府限贷、限价政策；

③ 未来投资预期。

一项投资，无论采取什么形式，说到底要看租金回报和未来价格预期。所以，在房地产投资计划上，投资者应从短期、中期及长期这3个维度规划投资计划（图5-13）。

### （1）短期的刚需市场投资

从短期投资来看，影响投资价值的主要因素是宏观政策调控。在市场房价稳定的时候，买方议价空间大，适合刚需投资者入场。

### （2）中期的价值投资

影响中期投资价值的因素是货币。对价值投资者来说，持有资产比持有现金风险低。在房子保值升值动力机制未变的市场中，适合价值投资者入场。

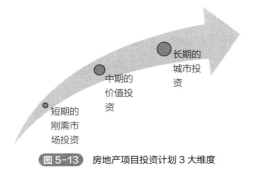

图 5-13　房地产项目投资计划3大维度

**（3）长期的城市投资**

影响长期投资价值的重要影响因素是人口。一个城市有没有持续性人口净流入，根本上决定了这个地区不动产价值的大小。所以，对房地产的长期投资，本质上就是投资者看好一个城市未来的发展。

从长期投资者角度看，不论在哪个维度，投资房地产都是资产配置的必选项。用房地产保值增值属性来确保自有财富的稳定增值。

## 5.2.4　销售和租赁收入测算

房地产项目销售和租赁收入测算是对房地产投资项目经营收入的测算。房地产投资项目经营收入主要包括两部分。

① 租售收入：房地产产品的销售收入、租金收入、土地转让收入、配套设施销售收入。其中，销售收入主要受制于项目可售体量和产品价格。

② 自营收入：项目自己持有物业，通过自行经营获得收入。

**（1）销售收入测算**

销售收入是房地产投资者在市场上进行产品销售时所获得的收入，是房地产投资者在卖出房地产时得到的投资收入。包括3类：土地转让收入、商品房（包括周转房）销售收入、配套设施销售收入等。

配套设施销售收入是指开发区域内允许有偿转让的配套设施项目，如停车位销售收入。计算公式为：可出售面积×销售单价。做配套设施销售收入需要分别测算3类收入：项目住宅收入、商铺销售收入、车位销售收入，如表5-10所示。

表5-10 房地产项目销售收入测算表

| 类型 | 项目 | 总额 | 第一年 | | | |
|---|---|---|---|---|---|---|
| | | | 第一季度 | 第二季度 | 第三季度 | 第四季度 |
| 多层住宅 | 销售比例 | 100% | | | | |
| | 销售金额 | | 0 | 0 | 0 | 0 |
| | 销售单价 | | | | | |
| 小高层 | 销售比例 | 100% | | | | |
| | 销售金额 | | | | | |
| | 销售单价 | | | | | |
| 高层 | 销售比例 | 100% | | | | |
| | 销售金额 | | | | | |
| | 销售单价 | | | | | |
| 车位 | 销售比例 | 100% | | | | |
| | 销售金额 | | | | | |
| | 销售单价 | | | | | |
| 商铺 | 销售比例 | 100% | | | | |
| | 销售金额 | | | | | |
| | 销售单价 | | | | | |
| 合计 | 销售收入合计 | | | | | |
| | 投资比例 | | | | | |
| | 投资额 | | | | | |

（2）租赁收入测算

租赁收入测算是指在一定年限里项目的租赁所得和年限到期后转售所得之和（表5-11）。租赁收入测算需要分别测算商铺租赁收入和车位租赁收入。

出租收入是房地产投资者在市场上出租的租金收入，具体包括出租房租金收入和出租土地租金收入，计算公式为：

租金收入=可出租建筑面积×租金单价

表5-11 租金收入测算表

| 项目 | 承租人 | 租赁期间 | 租赁月数 | 租赁面积 | 租赁单价 | 应计租金收入 | 已计租金收入 | 差异原因 | 协议索引号 |
|---|---|---|---|---|---|---|---|---|---|
| 房屋 | | | | | | | | | |
| 建筑物 | | | | | | | | | |
| 土地使用权 | | | | | | | | | |
| …… | | | | | | | | | |
| 合计 | | | | | | | | | |

## 5.2.5 项目财务评价分析

财务评价是项目经济评价中微观层次的评价，是比较和选取决策方案时最重要的手段。

一般来说，财务评价是从报表中取得数据，将财务评价指标与参数作比较。根据一定的评价标准，决定项目取舍。

一个项目财务评价需要以下基础数据和基本财务报表：项目税金计算、损益表与静态盈利分析、财务现金流量表与动态盈利分析、资金来源与运用表分析、资产负债表分析（图5-14）。

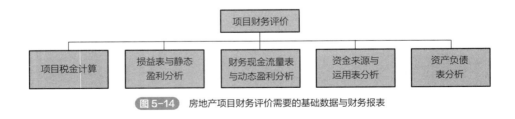

图5-14 房地产项目财务评价需要的基础数据与财务报表

### 5.2.5.1 项目税金计算

计算项目的税金，首先必须明确个案中涉及的税金种类，再进行细致计算。

一般房地产项目中税金主要有：销售税金、营业税、城市维护建设税、教育附加税、防洪工程维护税、交易管理税、交易印花税、土地增值税等（图5-15）。

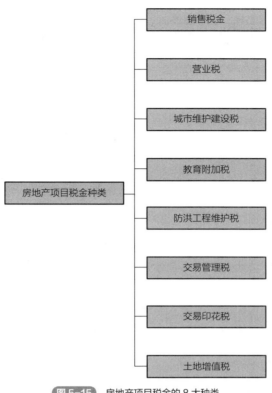

图 5-15　房地产项目税金的 8 大种类

### 5.2.5.2　损益表与静态盈利分析

损益表（利润表）反映的是企业在一定会计期间的经营收支和经营成果。它既可能表现为盈利，也可能表现为亏损，因此，损益表也被称为利润表，反映企业在一定会计期间内赚了多少或亏了多少钱。这张表是按月编制的，其恒等式为：收入－费用＝利润。

损益表是反映企业财务成果的动态报表，呈现企业的全部收入和全部成本，分为利润构成和利润分配两个部分。

**（1）利润构成**

利润构成部分先列示销售收入，通过计算会得到3个结果：①销售收入减去销售成本便可得出销售利润；②销售收入减去各种费用后得出营业利润（或亏损）；③销售收入加减营业外收入和支出后，为利润（亏损）总额。

**（2）利润分配**

利润分配部分将利润总额减去应交所得税后得出税后利润，即按分配方案提取公积金和应付利润。房地产项目损益表，见表5-12。

表5-12　房地产项目损益表

| 项目 | 行次 | 本月数 | 本年累计数 |
| --- | --- | --- | --- |
| 一、房地产经营收入 | 1 | | |
| 减：经营成本 | 2 | | |
| 销售费用 | 3 | | |
| 经营税金及附加 | 4 | | |
| 二、房地产经营利润 | 5 | | |
| 加：其他业务利润 | 6 | | |
| 减：管理费用 | 7 | | |
| 财务费用 | 8 | | |
| 三、营业利润 | 9 | | |
| 加：投资收益 | 10 | | |
| 营业外收入 | 11 | | |
| 减：营业外支出 | 12 | | |
| 加：以前年度损益调整 | 13 | | |
| 四、利润总额 | 14 | | |
| 其中：亏损企业的亏损总额 | 15 | | |
| 减：所得税 | 16 | | |
| 五、净利润（净亏损以"-"号填列） | 17 | | |

在项目投资中静态盈利能力有3大指标：成本利润率与销售利润率、投资利润率、资本金利润率和资本金净利润率（表5-13）。

① 成本利润率与销售利润率。成本利润率（PRC）是开发利润占总开发成本的比率，开发期为两年的商品住宅开发目标成本利润率大约为35%～45%。销售利润率是衡量房地产开发项目单位销售收入盈利水平的指标。计算公式为：销售利润率=销售利润/销售收入×100%，其中销售收入为销售开发产品过程中取得的全部价款。包括现金、现金等价物及其他经济利益；销售利润等于开发项目销售收入扣除总开发成本和营业税及附加，在数值上等于计算成本利润率时的开发商利润。

② 投资利润率。分为开发投资利润率和置业投资利润率，可根据利润表中的有关数据计算。在财务评价中，将投资利润率与行业平均利润率对比，判别项目单位投资盈利能力是否达到本行业评价水平。

③ 资本金利润率和资本金净利润率。资本金利润率是项目年利润总额或项目经

营期间内年评价利润总额与资本金的比率。资本金净利润率是经营期内一个正常年份的年税后利润总额或年平均税后利润总额与资本金的比率。

表5-13 静态盈利能力指标

| 静态盈利能力指标 | 指标内容 |
| --- | --- |
| 成本利润率与销售利润率 | ①成本利润率（PRC）是开发利润占总开发成本比率；<br>②销售利润率=销售利润/销售收入×100% |
| 投资利润率 | ①开发投资利润率；<br>②置业投资利润率 |
| 资本金利润率与净利润率 | ①年利润总额或项目经营期间内年评价利润总额与资本金的比率；<br>②经营期内一个正常年份的年税后利润总额或年平均税后利润总额与资本金的比率 |

#### 5.2.5.3 现金流量表与动态盈利分析

财务现金流量表包括全部投资和自有资金投资，反映项目在计算期内的全部经济活动状况。现金流量表结构主要包括现金流入、现金流出、税前净现金流量、应纳税所得额累计、所得税及税后净现金流量等（表5-14）。

表5-14 房地产项目现金流量表

| 项目 | 合计 | 第一期 | 第二期 | 第三期 | 第四期 | …… |
| --- | --- | --- | --- | --- | --- | --- |
| 现金流入 | | | | | | |
| 销售收入 | | | | | | |
| 其他收入 | | | | | | |
| 现金流出 | | | | | | |
| 开发产品投资 | | | | | | |
| 经营税金及附加 | | | | | | |
| 土地增值税 | | | | | | |
| 税前净现金流量 | | | | | | |
| 累计税前净现金流量 | | | | | | |
| （$P/F$, 10%, $t$） | | | | | | |
| 净现值 | | | | | | |
| 累计净现值（税前） | | | | | | |
| 应纳税所得额累计 | | | | | | |
| 所得税 | | | | | | |

（续表）

| 项目 | 合计 | 第一期 | 第二期 | 第三期 | 第四期 | …… |
|---|---|---|---|---|---|---|
| 税后净现金流量 | | | | | | |
| 累计税后净现金流量 | | | | | | |
| 净现值 | | | | | | |
| 累计净现值（税后） | | | | | | |

房地产项目盈利能力分析主要考察项目拟建销售后是否有盈利，项目盈利水平如何。其中，动态盈利能力分析考虑了项目资金时间价值。项目动态盈利能力主要包括4项指标：财务净现值（FNPV）、财务内部收益率（FIRR）、静态投资回收期及动态投资回收期等指标（图5-16）。

图5-16　动态盈利能力的4项指标

（1）财务净现值（FNPV）

以一定折现率将项目投资期内各年净现金流量折现到开发期初的现值之和。净现值越大，表面项目效果越好。

（2）财务内部收益率（FIRR）

使项目在计算期内各期净现金流量现值之和等于零时的折现率。计算公式：财务内部收益率＝正净现值折现率＋（负净现值折现率－正净现值折现率）× 正净现值/（正净现值＋|负净现值|）。当财务内部收益率大于或等于设定基准收益率时，项目盈利能力达最低要求。

（3）静态投资回收期

是在不考虑资金时间价值条件下，以项目净收益回收全部投资所需的时间。简单来说，就是你买的房子靠租金几年可以回本。计算公式：静态投资回收期（年）= 城市住宅均价/（城市住宅月租金均价×12）。指标越小，回收年限越短，则方案越有利。

（4）动态投资回收期

当动态投资回收期小于或等于基准投资回报期时，经济效益较好。计算公式为：动态投资回收期=累计净现金流量折现出现正值年份−1+（上年累计净现金流量折现值的绝对值/当年净现金流量折现值）。

#### 5.2.5.4　资金来源与运用表分析

资金来源与运用表是反映项目在计算期内隔年资金盈余或短缺情况，集中体现项目自身平衡生存能力，是财务评价的重要依据（表5-15）。如项目每年资金流入大于资金流出，即项目具有较强贷款偿还能力和自身平衡力。

表5-15　项目资金来源与运用表

| 项目 | 明细 | 合计 | 1 | 2 | …… | N |
| --- | --- | --- | --- | --- | --- | --- |
| 资金来源 | 销售收入 | | | | | |
| | 资本金 | | | | | |
| | 长期借款 | | | | | |
| | 短期借款 | | | | | |
| 资金运用 | 开发建设投资 | | | | | |
| | 经营税金及附加 | | | | | |
| | 土地增值税 | | | | | |
| | 所得税 | | | | | |
| | 应付利润 | | | | | |
| | 借款本金偿还 | | | | | |
| | 借款利息支付 | | | | | |
| 盈余资金（销售收入−资本金） | | — | | | | |
| 累计盈余资金 | | — | | | | |

#### 5.2.5.5　资产负债表分析

房地产企业核心业务是拿地和融资，分析资产负债表是项目财务评价的传统方法。

资产负债表反映项目在计算期内年末资产、负债和所有者权益变化状况及对应关系（表5-16）。房地产资产负债有总资产规模大、流动资产占总资产比例高、资产负债率高、资产周转率低、应交税金常出现负数等特点。

表5-16 项目资产负债表

| 项目 | 行号 | 年初数 | 期末数 | 项目 | 行号 | 年初数 | 期末数 |
|---|---|---|---|---|---|---|---|
| 流动资产 | | | | 固定资产净值 | 19 | | |
| 货币资金 | 1 | | | 固定资产清理 | 20 | | |
| 短期投资 | 2 | | | 固定资产建构支出 | 21 | | |
| 应收票据 | 3 | | | 待处理固定资产净损失 | 22 | | |
| 应收账款 | 4 | | | 固定资产合计 | 23 | | |
| 减：坏账准备 | 5 | | | 无形资产及递延资产 | | | |
| 应收账款净额 | 6 | | | 无形资产 | 24 | | |
| 预付账款 | 7 | | | 递延资产 | 25 | | |
| 其他应收款 | 8 | | | 无形资产及递延资产合计 | 26 | | |
| 代摊费用 | 9 | | | 其他资产 | | | |
| 存货 | 10 | | | 其他长期资产 | 27 | | |
| 其中：在建开发产品 | 11 | | | 资产合计 | 28 | | |
| 其他流动资产 | 12 | | | 流动负债 | | | |
| 待处理资产损失 | 13 | | | 短期借款 | 29 | | |
| 一年内到期的长期债券投资 | 14 | | | 应付票据 | 30 | | |
| 流动资产合计 | 15 | | | 应付账款 | 31 | | |
| 长期投资 | 16 | | | 预收账款 | 32 | | |
| 固定资产 | | | | 应付工资 | 33 | | |
| 固定资产原值 | 17 | | | 应付福利费用 | 34 | | |
| 减：累计折扣 | 18 | | | 其他应付款 | 35 | | |

（续表）

| 项目 | 行号 | 年初数 | 期末数 | 项目 | 行号 | 年初数 | 期末数 |
| --- | --- | --- | --- | --- | --- | --- | --- |
| 未交税金 | 36 | | | 长期负债合计 | 47 | | |
| 未付利润 | 37 | | | 递延税项 | | | |
| 其他未交款 | 38 | | | 递延税款贷项 | 48 | | |
| 预提费用 | 39 | | | 负债合计 | 49 | | |
| 其他流动负债 | 40 | | | 所有者权益 | | | |
| 一年内到期的长期负债 | 41 | | | 实收资本（股本） | 50 | | |
| 流动负债合计 | 42 | | | 资本公积金 | 51 | | |
| 长期负债 | | | | 盈余公积金 | 52 | | |
| 长期借款 | 43 | | | 其中：公益金 | 53 | | |
| 应付债券 | 44 | | | 未分配利润 | 54 | | |
| 长期应付款 | 45 | | | 所有者权益合计 | 55 | | |
| 其他长期负债 | 46 | | | 负债及所有者权益总计 | 56 | | |

## 5.2.6 项目不确定性分析

受政治、经济、社会条件等影响，一个房地产项目会出现很多不确定因素，从而影响项目的经济效益目标。这些不确定因素，主要来自建造成本、项目售价、开发周期、贷款利率等方面。项目不确定性分析包括盈亏平衡分析、敏感性分析两个方面。

### 5.2.6.1 盈亏平衡分析

对一个房地产项目而言，随着产销量的变化，盈利与亏损之间会有一个转折点，即盈亏平衡点。在这点上，企业呈现的财务状态是既不亏损也不盈利。盈亏平衡分析就是要找出项目方案的这个盈亏平衡点。

盈亏平衡分析又称量本利分析法，即通过分析产品产量、成本和利润之间的关系，找出投资方案的盈亏平衡点，以判明投资方案对不确定性因素变化的承受能力，为决策提供依据。

盈亏平衡分析是通过项目盈亏平衡点（BEP）分析项目成本与收益平衡关系的方法。还可以用房地产产品产销量表示的盈亏平衡点（BEPQ）计算方法。

盈亏平衡点计算方法：销售面积平衡点/总建筑面积×100%。

盈亏平衡点销售率是在项目总投资不变且售价与收款进度如基准方案所设情况下，计算出投资利润率为零时的销售率。一般情况下，当盈亏平衡点销售率小于或等于60%时，项目风险较低；若盈亏平衡点销售率大于60%，则项目风险程度较高。最后，项目分析再从建设成本、资金回收等角度出发，对可能出现的风险进行分析，根据结果提出规避风险的建议。

#### 5.2.6.2 敏感性分析

敏感性分析是用来研究和预测项目在主要变量发生变化时，导致项目投资效益的主要经济评价指标发生变动的敏感程度，进而确定项目承担风险能力的一种分析方法。

进行敏感性分析是为寻找影响项目开发的敏感性因素，观察其变动范围，了解项目可能出现的风险程度，以便集中注意力，重点研究敏感因素产生的可能性，并制定出应变对策，最终使投资风险减少，提高决策的可靠性。

敏感性分析有4个步骤：①找出波动的因素；②确定敏感性分析指标；③确定评价指标；④编制敏感性分析表。

（1）选定需要分析的不确定性因素

影响项目经济效果的因素很多，做敏感性分析时，必须抓住主要因素，房地产开发企业通过大量的市场预测，项目的开发成本中最可能发生波动变化的是如下几项：项目投资额、项目建设周期、项目建筑面积、租金、建筑安装工程费、产品销售量、销售价格、可变成本、固定成本、主要原料和燃料动力费用等。

房地产项目在不同阶段，应了解不同的不确定性因素（表5-17）。

表5-17　不同开发阶段的不确定因素

| 阶段 | 不确定因素 |
| --- | --- |
| 获取土地使用权阶段 | ①选择土地的自然特性：资金数量、产品竞争力；<br>②选择土地的使用特性：开发成本；<br>③土地的规划特性：商业价值、投资效益 |
| 开发建设阶段 | 工期和建设成本 |
| 经营阶段 | 租金、税率、单价等 |

### （2）确定被分析的评价指标

敏感性分析的经济指标一般要和项目经济分析指标一致，常使用3类指标进行分析：总投资收益率、投资利润率、财务净现值和财务内部收益率。

在对不确定性因素分析的基础上，进一步分析预测项目主要不确定因素的变化对三类项目经济分析指标的影响。如果某个因素在很小范围内的变化就引起评价指标很大的变化，其数值变动能显著影响方案经济效果的因素，被称为敏感因素。

最后，再找出敏感因素，如产量、单位产品价格等因素，最终确定两项内容：①评价指标对该因素的敏感程度；②项目对变化的承受能力。

### （3）计算评价指标的变动值

通过计算评价指标的变动值，来测算不确定因素导致经济指标变化的范围。举例来说，一个项目的售价、建筑安装工程费变动后，对以下3个方面产生影响：①投资利润率；②财务净现值；③财务内部收益率。

项目敏感性分析应利用全部投资评价指标即财务内部收益率和投资利润率对波动因素进行一一计算。比如，项目售价上下波动5%、10%的情况下，项目经济评价指标会如何；建筑安装工程费上下波动10%、20%的情况下，经济评价指标会如何等。

计算完毕后，再针对项目出现的具体问题，提出针对性的可行性建议。

### （4）编制敏感性分析表，得出风险决策和控制决策

得到以上测算结果后，针对影响项目投资额回报的不确定性因素编制敏感性分析表，得出风险及控制决策的可行性建议。

可行性建议包括以下7个方面：①强化施工管理；②降低工程成本；③保证施工预期进度；④维护项目市场形象；⑤挖掘可以促进销售的手段；⑥严格有效控制土地综合费用，降低单位成本和开发成本；⑦配合销售计划，加大宣传进度。

需要注意的是，敏感性分析对项目分析中不确定因素的处理是一种简便易行且比较实用的方法，但也有局限性，比如，对各种因素变动的可能性程度分析，主要依靠分析人员的主观经验，难免存在片面性。另外，在分析某一因素变动时，是以假定其他因素不变为前提。就是说，这种假设条件在实际投资活动中很难实现，因为各种因素的变动都存在着相关性。

总之，进行敏感性分析后，要及时根据市场变化，灵活调整销售策略，制定详

细的阶段性销售目标并严格执行，加速资金回笼以缓解资金压力。在项目资金宽松及销售市场持续趋好的情况下，控制销售节奏，保留部分单位延后销售，大幅提高整体销售均价获取市场高额利润回报等。

| 第 6 章 |

# 房地产项目营销策划招投标书的撰写策略

企业招投标是房地产项目开发中的一个重要环节。在房地产项目开发过程中，有各类执行环节：可行性研究、监理服务、建筑设计、开发采购、工程建筑、营销策划、代理销售等工作。

房地产开发企业招引有服务能力的承包企业参加投标竞争，主要有发布招标公告和向服务企业发出投标邀请函两种形式，直至最后签订承包合同。

房地产开发企业的招投标管理，目的是不断提高企业的规模化、专业化和品牌化程度。

## 6.1 营销策划招投标的规范及要求

在房地产开发中，招标采购工作非常重要，在与各类服务商和建筑商签合同之前，需要房地产企业经过思考与规划，制定相应的招标采购策略。如何选择房地产招标采购策略标准，取决于房地产企业的操盘经验、服务商的经验和该房地产项目的开发类型。

投标企业向开发企业提交的营销策划招投标文本就是房地产策划行业俗称的房地产项目策划书。

### 6.1.1 提高营销策划招投标效率的 2 大原则

企业对招标采购策略的选择，对项目成功与否至关重要，企业在招投标上的科学选择是实现项目盈利的关键因素。

（1）过程符合法规，方案保证节点

房地产企业项目开发采用招投标方式，目标有两个：

① 国家法律对重要建筑施工领域有明确规定，房地产项目需依法开发；

② 房地产企业内部需要借助投标企业的执行方案，做详细的开发评审和评估，将相关责任明确到个人，任务量明确到每天，以保证项目开发的节奏和时间节点。

（2）招投标方法适合企业

房地产开发企业的招标采购是企业为了完成商品和服务而产生的购买方法。如何制定招标采购方法，由两个方面决定：

① 本企业自身管理及开发模式，如管理决策类型、企业项目所处的市场环境、项目商业计划和总体目标；

② 企业掌握相关行业信息的熟练度和质量。即房地产开发企业与合作伙伴都能拥有大量需要管理的信息、承诺、活动、资源、可交付成果、检查和保障措施。

### 6.1.2 营销策划招标投标常用的 3 种方式

房地产开发项目的招投标方式主要有公开招投标、邀请招投标、协议招投标 3 种。

（1）公开招投标

公开招投标是指招标单位通过报刊、电视、广播等途径公开发表招标广告，吸引具备相应条件并愿意参加的投标单位参与竞争。公开招标的优点是能体现全面、公开、平等的竞争原则，缺点是全程操作繁杂、开支费用大，企业应该视工作性质有选择地采用。

（2）邀请招投标

邀请招投标是一种非公开方式的招标，是指由开发商向有承包能力的单位发出招标通知书或邀请函的招标方式。一般情况是企业自行选择 3 ~ 10 家单位参加招标。在这种招投标方式中，招投标双方一般都是相互了解、彼此信任的合作单位。

比公开招标能大大节省人力、物力、财力，也更有针对性，目前被房地产企业广泛采用。

（3）协议招投标

协议招投标简称议标，适用于少数保密性很强的建设类工程以及条件艰险、施工难度大、时间紧迫的工程。由开发商直接邀请施工单位协商，确定工程的造价和工期。这种招投标比邀请招投标的适用范围小，但参与议标的单位不得少于两家。

## 6.1.3　营销策划招投标的 5 大原则

招标投标制度是中国市场经济的产物，随着市场经济的成熟和完善而逐步得到推广，企业的招投标活动首先是在遵循市场经济活动基本原则的前提下进行。国家的《招标投标法》依据国际惯例的普遍规定，明确规定招标投标活动应遵循公开、公平、公正和诚实信用的原则。

除此之外，做招投标的企业和参与招投标的企业，还有经营管理上的原则要遵循，具体说来有 5 大原则。

（1）事前预算原则

企业在进行招标前，应先预算编制标底；不提倡在无标底的情况下，进行费率招标。

（2）资质审查原则

企业要对所有投标单位做资质预审，符合项目要求和企业要求的投标单位才有资格参加项目投标。

（3）合理低价中标原则

房地产企业选择的中标单位在满足招标综合要求的前提下，报价较低且合理者中标。

（4）透明公正原则

企业在招标过程中，需要保持充分的透明度，各部门间积极配合、全面沟通、信息共享、杜绝暗箱操作。

（5）保密原则

招投标企业要做好标底、投标文件、评标、定标等内容的保密工作，以防影响招标的公正与效果。

## 6.2 营销策划招投标的流程和对招投标文本的要求

### 6.2.1 营销策划招投标的9个流程

无论是施工单位、建设单位、服务机构，还是招标代理机构去做招投标工作，都要知晓招投标的完整流程，才能让工作顺利进行下去。营销策划招投标的9个流程具体如下。

（1）项目立项

① 招标单位编制招标书，招标单位发布招标信息，投标单位提交项目建议书。

② 进行项目可行性研究，撰写可行性研究报告并提交给招标单位。

（2）投标单位招标资格

① 投标单位需要有从事招标业务的营业场所和相应的资金额度。

② 能够编制招标文件并具备组织评标的相应专业力量。如果没有资格自行组织招标，则招标人有权自行选择招标代理机构，委托其办理招标事宜。任何招标单位和个人不得以任何方式为招标人指定招标代理机构。

③ 招标单位对意向投标单位进行资格审查，依据单位业绩等情况来确认投标单位，确认3家以上投标单位。

④ 投标单位领取招标书。为保证招标工作的严肃认真性，各投标单位领取招标书时会交纳一定数额的保证金，金额为1000元或以上不等。

（3）编制资格预审、招标文件

这个环节是投标单位的文件准备阶段，要准备的内容有以下8个方面：

① 投标函及投标函附录；

② 法定代表人身份证明或授权委托书；

③ 投标保证金；

④ 已标价项目工程量清单；

⑤ 工作执行组织设计；

⑥ 项目管理机构；

⑦ 资格审查资料；

⑧其他材料。

（4）密封和递交投标文件

投标人应按招标文件的要求进行密封和递交。如有执行机构要求投标人将所有的文件包括"价格文件""技术和服务文件""商务和资质证明文件"密封在一起，需要根据实际情况和招标企业要求分别单独密封自行递交。

投标单位按规定时间密封报送投标书。为确保平等竞争，确保招标的公正性，应坚持保密制度。投标书方案部分不得写出投标单位名称和个人姓名，由招标单位予以编号。

（5）开标前勘察工程项目现场并召开标前会议

招标单位组织投标单位踏勘楼盘现场，解答招标书问题。具体执行规范有如下3点：

①踏勘楼盘时，在现场解答招标书问题。

②开标前，组织各投标单位进行工程项目现场勘察并召开标前会议，不得单独或分别组织一个投标人现场踏勘。

③所有投标人对招标文件中及在现场踏勘的过程中存在的疑问，要在标前会议中得到解决。

（6）开标

开标应有协会组织、招投标单位参加并公开进行，当众启封投标书。评标小组成员不能参加开标会议。

（7）评标

评标小组由招标单位和有关专家组成，评标小组人员名单不公开。评标小组的主要任务为制定评标、决标办法，进行评标，决定中标单位。

（8）定标及与中标单位签订合同

评标定标后，招标单位立即向中标单位发出中标通知书，双方在规定时间内签订合同。

（9）营销招投标结尾工作

营销招投标结尾工作是向未中标单位返回保证金和支付补偿金。企业可以根据企业管理要求对一些投标单位给予没收保证金的处罚，比如，投标单位未按时送投标书或中途退标；所送投标书质量极其低下，粗制滥造；投标单位之间不正当串标。

## 6.2.2 制作营销招投标文本的 5 点要求

作为一种重要文件,投标文件要描述清楚投标人的以下6点情况:

① 实力和信誉状况;

② 投标报价竞争力;

③ 投标人对招标文件的响应程度,主要包括投标书、开标一览表、投标报价表、投标产品方案及详细介绍;

④ 技术和商务方面与招标文件偏离表;

⑤ 投标人资信证明;

⑥ 招标文件要求提供的其他资料。

所以,投标人投标要了解潜在竞争对手的情况,还要在技术、商务等各方面确定投标策略。制作投标文件时应注意5大要点。

**(1)吃透标书,符合要求规范**

认真研究招标文件内容,摸清招标人的要求和意图,吃透标书全部内容,切忌出现理解错误。

用于房地产项目投标的营销策划书是详解介绍项目各种基本开发信息的文本。一个房地产项目的完整招标文件由3个部分构成:

① 文件清单及相关图纸文件;

② 招标单;

③ 主要项目要求。

**(2)积累投标经验**

投标经验既要有理论又要有实践,往往一两个错误就可能导致废标。规范的标书通常格式大同小异,内容相差不多。投标方需要有足够多的经验,制作标书方可省时省力,少犯错误。

**(3)拟订合理的投标价格**

确定投标价格要根据国内、国际市场行情和自身产品成本等因素做综合分析。要知道,招标人一般会从技术、价格、实力等多方面综合考虑,不一定把价格报到最低的投标人就是最终中标者。

**(4)多提供优势文件**

在投标时,提供优势文件,并分别配上详细介绍,向评委和招标人充分展示实力，能增加中标概率。这类优势文件一般有3类：

① 能说明投标人技术优于招标人要求或其他竞争对手的文件；

② 可以保证提前交货的承诺和过往案例证明；

③ 自身业绩、其他项目的中标情况、产品样本等有关材料。

**（5）明确语言规范和格式**

标书及投标资料的格式有明确固定要求，但仍有一部分文件未作格式上的要求。

## 6.3 营销策划书的规范标准

房地产项目用于投标的营销策划书是房地产企业内部策划团队或顾问类合作方根据项目用地资源和市场环境，用科学合理的方法为房地产开发企业设计、制作的关于项目市场定位、规划设计建议、包装及推广计划、销售策略等综合性的书面报告。

房地产营销策划书是一种应用性文件，是顾问企业对房地产企业项目的整体营销研究和销售方案的计划。一经审核确定下来，就是楼盘营销运作的核心依据。因此，这份营销策划书本身要留出执行团队根据实际运作情况调整、充实、完善的空间。

审核一份房地产项目的营销策划书是否优秀和实用，需要依据很多具体的评审规范。

### 6.3.1 营销策划书的主导思想

房地产项目营销策划书是策划人对楼盘营销系统的专业阐述文本，是能把项目最初构想和观念性思想转换成可阅读的文字、图表、数据、方案的专业文本。

从项目销售角度上说，根据企业招标项目特点，一份中标概率高的房地产项目策划书，要能提出关于项目总体规划设计的主导思想，具体有以下6点内容：

① 根据招标项目的实际情况，对现有方案进行诊断或对具体方案进行细化分析；

② 建筑风格的确定及其与环境的协调规划；

③ 各房型的配置比例及面积范围的确定，绿化、雕塑、小品的布局合理化建议

或诊断；

④ 公共建筑配套的布局及功能定位，公共建筑设施及其使用、管理模式的引进；

⑤ 小区内配套工程的合理化建议（道路、灯光、管线、停车位等），特别注意人文、生态、现代化设施方面的建议；

⑥ 物业管理配合营销的介入及作用；在成本不变或增加不多的情况下，最大限度开发楼盘的功能，提高其附加值。

### 6.3.2 营销策划书的内容质量规范

房地产项目营销策划书对开发企业和投标单位有重大参考和指导作用。它的内容质量对项目开发至关重要。评判一份项目营销策划书内容的价值和实用性，要从策划书的制作结构、信息详实度、分析深度、论述专业度、可行性等诸多方面一一评审（图6-1）。

图6-1 房地产项目策划书内容评审的5大标准

#### 6.3.2.1 定位准确，主题精妙

房地产营销策划书要根据楼盘产品在市场上所处的位置，针对消费者对楼盘某种特征或功能的需求程度，强有力地塑造出本楼盘与众不同的个性或形象。从这个角度说，房地产营销策划书是该楼盘基于市场的定位书，是整个楼盘的营销总主题。楼盘营销总主题就是楼盘营销的中心思想，是营销策略的着力点，是

与顾客沟通的凝聚点。营销总主题力求言近旨远，像一根红线能贯串楼盘营销始终。

一个楼盘在营销策划的整个过程中，除了营销总主题，还需要很多营销分主题。营销分主题要力求丝丝入扣，是配合营销总主题的阶段性推广重点。因此，既有长远的战略性筹划，又有阶段的战术性考虑，才是一份优秀的房地产营销策划书。

#### 6.3.2.2 结构完整，内容详实

房地产营销是一个系统，房地产营销策划书是这个系统的综合概括和整体表达。策划书的文本阐述，必须着眼于房地产项目开发"营销链"做科学合理的编制，保证整个文本的结构完整，内容详实。

#### 6.3.2.3 分析透彻，论述细致

房地产营销策划书的内容撰写要求是：

① 不能蜻蜓点水、轻描淡写；

② 分析和论述要细针密缕，做到纵深交织，环环相扣。

房地产项目营销策划书的内容撰写，犹如挖井，只有挖到一定深度才能得到清水。这个所谓的"清水"，就是最终确定下来的清晰可行且有效的执行方案。

#### 6.3.2.4 注重产品，专业性强

房地产项目开发以实体建筑为本体，整个开发的宗旨是产品质量第一，营销包装第二。一个楼盘的产品，从营销角度上说，是从市场需求角度进行的研究策划，这是撰写房地产营销策划书不可忽视的第一宗旨。

对楼盘产品关注和阐述程度的深与浅，才是衡量营销策划书专业程度高与低的重要标准。

#### 6.3.2.5 切实可行，强调实效

房地产营销策划书是一种应用性文件。制作房地产营销策划书要围绕两点，并以可操作性为第一要义。

（1）可操作性强

房地产营销策划书的第一价值是具有很强的可操作性。这种可操作性表现为5点：

①切合营销与市场的实际需要；

②针对性强，内容实在；

③操作步骤与方法阐述清楚具体；

④操作可以按图索骥，如法炮制；

⑤适应操作人力、物力实际情况，因地制宜，因时制宜。

（2）能实现和提高销售业绩

撰写房地产营销策划书的根本目的是为了实现和提高销售业绩。所以，房地产项目的营销策划书要围绕销售业绩满足两点：

①对项目如何做营销进行详细的阐述；

②营销策划书中关于营销组织、营销培训、营销现场、营销流程包括营销人员的考核和奖惩，要能体现出加强楼盘的营销实施，强化销售现场的管理功能，目标是最终能促成楼盘成交。

营销策划书的投标实战，一共有4大步：深入市场分析、深入产品分析、提出详细推广建议、销售策略与管理。

### 6.3.3 制作营销投标策划书的5大前提

掌握项目投标策划动作程序及策划前资料准备，才能有利于了解整体项目的开展流程。

做好营销投标策划书，关键是精准而正确理解招标企业的真正需求。制作营销投标策划书之前要真正发掘招标企业需求，做到针对项目对症下药，以获得最好的策划效果。

（1）分析项目

用来投标的营销策划书中，项目分析体现投标单位对项目的了解程度。这部分主要包括3大块内容：

①了解项目建筑规模与类型、建筑面积、建筑用途、建筑施工技术难度；

②了解开发企业即甲方业主或开发商背景、资信及资金状况；

③了解项目整体运作是否合法，开发进展过程是否顺利，能否带来预期的利润等。

（2）知己知彼

投标单位还要尽可能明确自己在本次投标中的位置和实力，需要摸清楚3

件事：

①查清一共有多少家公司准备竞投该项目；

②了解竞争对手一共投入多少精力、人力、物力；

③了解投标竞争对手的运作底细、能力方向、方案特征，自己如何应对，做到投标前的知己知彼。

（3）胜算成数

任何一家投标单位，在投标前都要明确，自己目前的执业资质等级和整体实力，在本次竞标中，能否入围，能否有把握击败对手，如何做才更能赢得业主和评标成员的信任和青睐。

（4）全力角逐

投标单位在竞标前，要整合企业优势资源，展开一系列摸底和了解攻势：

① 增加与甲方业主及相关人员接触，了解更多房地产企业需求，越具体越好；

② 公司对外要进行全方位、多层次宣传，对外始终保持良好的企业形象；

③ 邀请甲方客户考察公司以往竣工项目或正在建设的项目的工地，增进客户的了解和信任。

（5）力争入围

得到甲方给出的参与竞标邀请后，投标企业要立刻配备精英力量，充分准备资料，精心编制标书和报价，力争最后的入围直至中标。

## 6.4　投标策划书的 6 项主要内容

撰写房地产项目的投标策划书，一定要围绕着投标策划书的主要内容展开（表6-1）。

表6-1　投标策划书的6项主要内容

| 主要内容 | 内容详情 |
| --- | --- |
| 项目市场分析 | 项目的目标群分析、建立与培育 |
| 产品分析研究 | 从销售主题确定及形象策划定位等方面对项目产品进行研究和综合包装 |
| 广告推广策略 | 从广告和媒体战略出发的推广建议，包括采用媒体类型及其程度、频度、阶段计划，确定最具有广告效应的媒体类型 |

续表

| 主要内容 | 内容详情 |
| --- | --- |
| 销售策略制定 | 策略分析和阶段销售任务、明确推广时间、制定价格体系、销售现场布置 |
| 团队管理机制 | ①价格战略：价格定位、变化浮动、付款方式类型策略及依据的确定。<br>②人员培训：对营销人员及培训的计划，包括人员招募、培训计划、考核上岗。<br>③销售目标：指分阶段、分类型、不同模式的销售计划及资金回笼计划及其保障措施，以及特殊销售技能、途径的研究与建议 |
| 营销费用使用计划 | 提出销售代理的费用类别、额度及费用使用的时间安排计划，包括与销售目标挂钩的有关奖惩 |

## 6.4.1 项目市场分析

分析项目市场是撰写房地产项目投标策划书的第一步。主要包括项目所在城市基本情况分析、城市房地产市场现状特征分析、市场发展趋势分析、同档次住宅市场分析及前期SWOT分析（图6-2）。

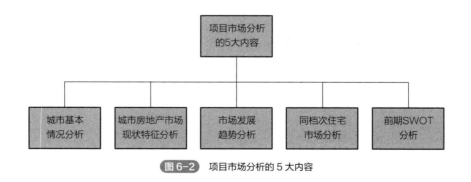

图6-2 项目市场分析的5大内容

### 6.4.1.1 城市基本情况分析

城市基本情况分析主要包括5大方面：地理位置、辖区面积、人口与居民生活、气候特点和经济发展。市区概况有3方面（表6-2）。

表6-2 房地产项目城市及市区基本情况分析

| 核心内容 | | 详细内容 |
| --- | --- | --- |
| 城市基本情况 | 地理位置 | ①城市处于哪个省什么方位；<br>②东南西北分别与什么地方接壤；<br>③地理上具有什么优势；<br>④境内交通设施状况等 |
| | 辖区面积 | 辖城区、城镇及总面积 |
| | 人口与居民生活 | ①城市总人口；<br>②农业人口与非农业人口；<br>③居民人均可支配收入及增长率；<br>④人均居住面积等 |
| | 气候特点 | ①气候类型；<br>②气候特点；<br>③平均气温；<br>④降水；<br>⑤湿度 |
| | 经济发展 | ①综合；<br>②工业；<br>③农业；<br>④商贸流通 |
| 市区概况 | | ①区位；<br>②构成；<br>③人口面积 |

#### 6.4.1.2 城市房地产市场现状特征分析

城市房地产市场现状特征分析是根据城市现状和项目特征，将城市房地产市场划分为几个板块，从两大方面入手（图6-3）。

① 市场基本现状分析。从区位、在售楼盘、销售价格等方面，对城市房地产市场加以认识和分析。

② 市场总体特征分析。一般包括4方面内容：近期历史发展轨迹分析、市场供求关系和结构分析、市场产品分析、营销特征分析。

#### 6.4.1.3 市场发展趋势分析

市场发展趋势分析从房地产市场供给量、住房空置率升降、投资环境发展、投资趋向、产品发展趋势（户型、面积、物业管理、产品配套等）5个方面进行分析（图6-4）。

图 6-3　城市房地产市场现状及特征分析

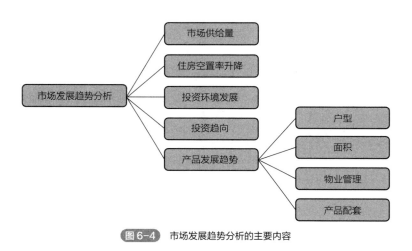

图 6-4　市场发展趋势分析的主要内容

### 6.4.1.4　同档次住宅市场分析

统计本区域内有代表性、同档次的住宅，从楼盘位置、规划、占地面积、户型、销售价格等方面进行分析，简要总结优缺点（图6-5）。

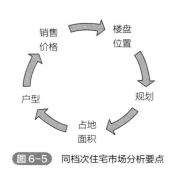

图 6-5　同档次住宅市场分析要点

## 6.4.1.5 前期 SWOT 分析

SWOT 分析是一种用来确定企业或项目本身的竞争优势（strength）、竞争劣势（weakness）、机会（opportunity）和威胁（threat），从而将企业或项目战略与内部资源、外部环境有机结合的分析方法。

**（1）SWOT 分析化解劣势**

对项目进行 SWOT 分析时，重要的不是指出有什么优势，而是如何明确劣势，并通过营销和规划把劣势转化成优势，将挑战转化成成功的机会。

**（2）SWOT 分析的 3 大步骤**

SWOT 分析的 3 大步骤如下：

① 罗列项目的优势和劣势、机会与威胁；

② 优势、劣势分别与机会、威胁组合，形成 SO、ST、WO、WT 策略；

③ 对 SO、ST、WO、WT 策略进行甄别和选择，确定项目目前应采取的具体战略与策略。

进行这项分析时，通常绘制结构图，更直观、简明，分析后得出结论（图 6-6）。

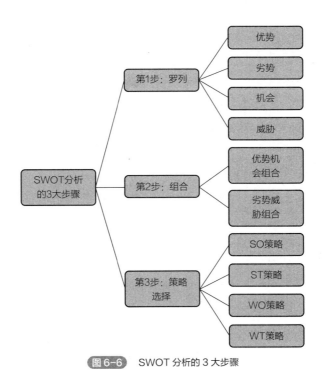

图 6-6　SWOT 分析的 3 大步骤

## 6.4.2 产品分析研究

进行项目产品分析是撰写投标策划书的第二步，主要内容包括3大要点：客源定位分析、项目定位分析及项目产品建议。

产品研究是指从销售角度，根据招标项目特点，提出总体规划的主导思想。房地产项目的产品分析要根据招标项目的实际情况，对现有方案进行诊断或对具体方案进行细化分析。主要内容包括：①建筑风格的确定及其与环境的协调；②各房型的配置比例及面积范围确定；③绿化、雕塑、小品的布局合理化建议或诊断；④公共建筑配套的布局及功能定位，公共建筑设施及其使用、管理模式的引进；⑤区域内配套工程的合理化建议，特别注意人文、生态、现代化设施方面的建议；⑥物业管理配合营销的介入及作用；⑦在成本不变或增加不多的情况下，最大限度开发楼盘的功能，提高其附加值。

### 6.4.2.1 客源定位分析

客源定位是依据项目自身特征、品质、形象对目标接受人群以及购买对象进行界定。准确进行客源定位，将直接有助于整体推广和销售成功。

一般客源分析主要有两大定位：目标消费群和主力客源。

（1）目标消费群

确定项目的目标消费群，要先确定出项目产品的档次路线，再根据产品路线选择客户群，对客源区域、职业、购房目的进行系统深入的分析。

（2）主力客源

主力客源分析的定位主要为项目确定3大主力消费群体。比如可以是私营业主、个体经营者，政府公务员，学校、医院、银行等企事业单位职工等（图6-7）。

### 6.4.2.2 项目定位分析

从目标客户心理需求角度出发，结合地理优势和使用需求，对目标客户群体的社会心理价值预期进行市场诱导，围绕目标客户群体需求展开项目定位（图6-8）。

如住宅项目定位体现价值身份感，商业项目定位财富新领地、旺铺原始股等。

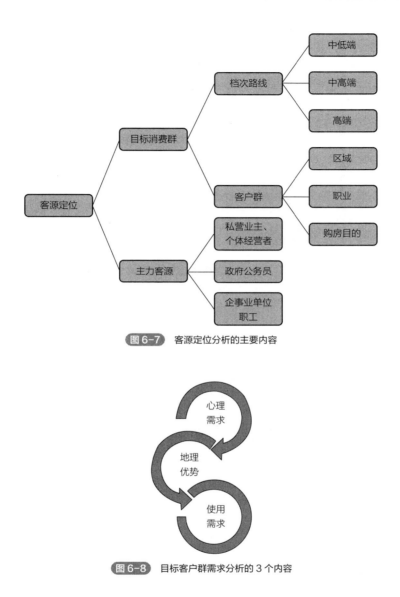

图 6-7　客源定位分析的主要内容

图 6-8　目标客户群需求分析的 3 个内容

### 6.4.2.3　项目产品建议

投标策划书的项目产品建议是通过市场和产品分析，最后对本项目基于营销和销售，在配套、产品、服务等方面，从 10 个产品建设点出发，不断革新新时代人居想象，为项目赢得市场响应，提出建设和可执行的意见和建议。

**（1）整体规划建议**

涉及基本规划和规划原则两方面。基本规划内容包括宗地位置、占地面积、预计总建筑面积、业态规划、道路交通、景观布置。整体规划主要有整体、尊贵、健康、科技、养生、文化等原则，且根据个案选写并结合个案加以诠释。

（2）环境规划建议

一个楼盘的规划对于居住者的生活影响巨大。检验一个楼盘环境规划得如何，包括这几个内容：容积率、绿化率、配套设施、小区交通、楼间距等指标。

一个楼盘的规划能让消费者快速直观地了解到整个社区的环境。对一个项目进行环境规划，要从6大方面考虑：景观与建筑配置、色彩和光运用、水运用、风格运用、动线设计、服务配套设计是否有地方性。

（3）景观建议

拥有一个绿化生态景观的小区，已经成为越来越多人购买房子的一个首选因素。自然、宜人、舒适的环境空间是居住区景观设计未来的重要方向。

一个房地产项目有好的景观，能对销售起到4个主要作用：

① 激发消费者的好奇心，触发消费者的消费欲望；

② 丰富的、多样化的景观手法能分隔空间，净化空气，起到私密和屏蔽作用；

③ 搭配乔木、灌木、草等多种类植物，营造丰富层次感和园区景致；

④ 运用材料、颜色、质感等细节来丰富项目带给人的视觉和心理感受。

景观建议的内容主要包括5点：水影形态、坡地景观、园林绿化、道路交通、建筑小品（如休闲座椅、卵石步道、雕塑、草坪灯、导游图等）。

景观建议在思路上要体现3点：

① 亲近自然，体现人文关怀；

② 高效、节约、实用；

③ 因地制宜，体现地方特色。

（4）建筑外立面及风格建议

建筑外立面是指建筑和建筑外部空间直接接触的界面，及展现的形象和构成方式。

建筑外立面的风格主要有4种：仿古式、欧式、特殊式和现代式。这部分的产品建议要包括5方面内容（表6-3）：

① 分别分析并给出建筑外立面风格选用建议；

② 外立面材质选用，大概有玻璃、大理石、水泥、涂料等；

③ 分析外立面材质的特质和用途并给出项目外立面材质选用建议；

④ 外立面颜色选用，明确外立面用色对象并确定颜色；

⑤ 明确影响建筑外立面优劣的因素，如外观空调、外飘窗、凸阳台、排烟口、防盗窗等。

表6-3 招标策划书建筑外立面及风格建议

| | 项目产品建议 | |
|---|---|---|
| 建筑外立面及风格建议 | 建筑外立面风格选用 | 仿古式 |
| | | 欧式 |
| | | 特殊式 |
| | | 现代式 |
| | 外立面材质选用 | 玻璃 |
| | | 大理石 |
| | | 水泥 |
| | | 涂料 |
| | 外立面颜色选用 | 明确用色对象 |
| | 影响外立面的因素 | 外观空调 |
| | | 外飘窗 |
| | | 凸阳台 |
| | | 排烟口 |
| | | 防盗窗 |

（5）户型规划建议

户型是一个楼盘的灵魂，尤其是主推产品，是决定项目销售速度的关键因素。

户型的更新与变革，体现在足量和足够的空间，并形成更丰富的生活空间状态。户型规划建议主要包括户型设计要求和户型设计建议。根据产品定位对户型设计进行规划。对资源极致化的追求让同类型产品的楼间距更宽，视野更舒适，将空间退还给生活场景。另外，根据产品定位、开发理念及目标客源喜好分析，对户型设计提出针对性建议。

（6）户型配比建议

任何房地产开发企业都希望自己的楼盘能做出最佳"户型配比"。因为开发企业最关心两点——产品的回款速度和产品利润最大化。户型配置的结果方案，本质上就是地块价值利润最大化后平衡的产物。

不同户型之间的占比到底该多少，关系到销售目标和销售回款。如果一类户型卖得好，但占比不多，另一类户型占比多，销售不佳，就影响了整个项目的回款，也就是影响投资开发的成败。户型配比是各个房地产开发企业最关注的产品规划的前提条件。

户型配比建议，一定是根据市场目标客源需求对户型及其面积、所占比例方面提出建议。

**（7）户内外细节建议**

房子作为所有居民的"理想家园"，所有的规划细节都是为了更好地解决业主的生活问题。只有最懂生活和购房者的需求的设计规划，才能形成产品力，设计规划细节对实现销售非常重要。尤其是楼盘户外细节，最能体现品质关键，要从小区出入口、小区围墙、车位、社区动线等诸多方面进行优化和完善。

尤其在智能化和手机支付时代，小区电子围栏、停车场管理系统、牌照识别系统、紧急报警系统、可视对讲系统、门禁系统、活动场地等诸多贴心细节都应涉及（图6-9）。

图6-9　楼盘户内外的细节建议点

**（8）新材料和新设备运用**

如今，科技发展，新技术、新材料的应用把中国绿色建筑发展推进快车道，从而也诞生了新建材、新能源、节能服务等产业。人们对居住的需求更为多元和复杂，停留在"高周转"模式下的标准化和单一强调功能性的住宅已经不合时宜。创新型住宅产品更受市场的关注和追随,尤其更能打动高净值人群。

一个房地产项目将适合甚至适当超前的新技术运用在建设当中,如星级智能化住宅、地温空调、海洁特外墙瓷砖、隐形纱窗、空间温度与亮度的智能感知等。

(9)商业规划和构想

大规模的城郊社区开发,以及一个规模巨大的楼盘,城市中心区的旧城改造,都伴随着大量的社区商业开发。从生活服务和商业经营出发,提供能聚人气,为社区提供人文空间和更好的商业品牌,使社区人群实现"触手可及的便利"是楼盘商业规划的出发点和落脚点。

楼盘的商业规划和构想建议要从项目的地理位置和区域商业形势着手,构想社区的商业形态。具体表现在商业的业态设置上,提供能服务于社区的5大类功能机构:超市、生活服务、公共服务、餐饮零售、教育服务(图6-10)。具体可以是:生鲜超市、便利店、健身馆、影院、各式餐厅、咖啡厅、健身养生馆、休闲会所、老年休闲中心、阅读场馆、教育托管中心等。

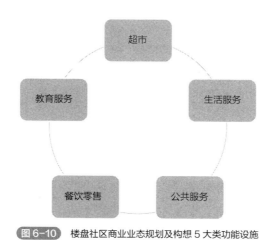

图6-10　楼盘社区商业业态规划及构想5大类功能设施

(10)物业管理建议

物业管理是项目档次的直观体现,直接影响项目价值。今天的房地产行业,已经进入到存量时代、服务时代。今天的楼盘物业机构,不仅承担着管理社区建筑物、能源供应等,更承担了卫生防疫、垃圾分类、城市治理等重要公共服务管理职能。物业服务的高品质和多样化升级已经成为高品质楼盘的标配。

物业的管理要围绕社区生活的源头:人流、车流、商流、物流、信息流和资金流，根据项目特色和客源定位体现出服务型职能，建议要具有可行性（图6-11）。

① 项目前期，建议从4方面分析物业服务：施工阶段、接收前准备工作、提前制定详尽物业计划和业务公约。

② 项目后期，物业设施与服务要具体化，主要包括：物业服务、便民缴费、家政服务、商品售卖、绿化、装修维护、"管家式"服务、快捷的便民服务等内容。

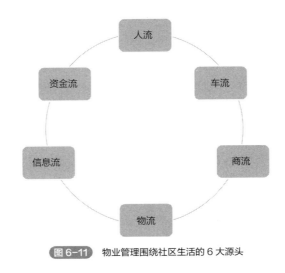

图 6-11　物业管理围绕社区生活的 6 大源头

#### 6.4.2.4　物业管理营销计划

今天的房地产行业，物业管理正在从以"物"为中心的管理变为以"人""产业"为中心的管理，物业管理正在成为各种产业成长的入口，是房地产项目开发的重要增值和赋能板块。物业管理在楼盘销售阶段，要积极配合营销的介入，楼盘售罄后要配合企业品牌传播的介入。在成本不变或增加不多的情况下，最大限度开发楼盘的服务和运营功能，提高项目的市场附加值。

### 6.4.3　广告推广策略

制定广告推广策略是房地产项目营销策划书深入产品分析的第三步。主要内容包括4大方面：项目案名建议、项目广告表现策略建议、SP推广建议、广告推广及预算建议（图6-12）。

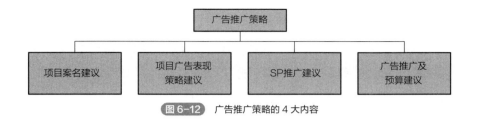

图6-12 广告推广策略的4大内容

### 6.4.3.1 项目案名建议

项目案名即楼盘名称，是楼盘最朴素直观的宣传载体，是对档次、风格、品质等元素的浓缩和直接映射。项目案名给人"第一印象"，关系着项目的成功与否并直接左右项目运作，必须贴切、响亮。构思案名，应当对整个项目进行详尽分析，并结合实际规划特点和项目定位，精心提炼。

### 6.4.3.2 项目广告表现策略建议

做好产品推广少不了广告和传播的参与。项目广告卖点提炼可以围绕3个维度：地产价值、房产价值和附加价值，从项目定位、项目风格、开发企业品牌口碑、物业管理优势等多方面着手。

项目广告的制作建议，可以从6个方向出发，如表6-4所示。

表6-4 项目广告推广理念提炼方向

| 要点 | 详细要求 |
| --- | --- |
| 为广告受众画像 | ①为潜在买房者精确画像；<br>②保证广告投放精确 |
| 深度研究与挖掘产品 | ①对标竞争楼盘；<br>②寻找差异化价值卖点 |
| 广告主题构思 | ①贴近消费人群需求点；<br>②敏锐捕捉当下消费心态，抓人眼球 |
| 核心广告语 | ①简洁好记；<br>②具有格调；<br>③贴近主流消费文化 |
| 广告主题 | ①广告主题内涵反映项目风格和社会价值；<br>②有情感价值；<br>③饱含人文关怀；<br>④设置2～3个广告主题，以供备选 |
| 投放准则 | ①适度缩减低效媒体的广告投放；<br>②制作符合视频、互联网、手机时代的新媒体广告风格 |

#### 6.4.3.3　SP 推广建议

SP是英文Sales Promotion的简称，是销售计划中的重要环节之一，可以理解为营业推广或销售推广。它是人员推销、广告和公共关系以外所有用以增进消费者购买和交易效益的促销活动。

SP推广通常从以下4个方面规划。

（1）推广概念确定

利用项目功能差异化提炼内涵概念，统一对所提炼概念进行主题广告诉求，形成广告口号。

（2）确定广告表现

广告表现是指对项目所有卖点进行精髓提炼，以此为广告主题统一宣传推广，提升项目形象，为后期销售奠定良好基础。

（3）确定推广模式

推广模式就是项目销售推广的宣传思路，包括4项内容（图6-13）。

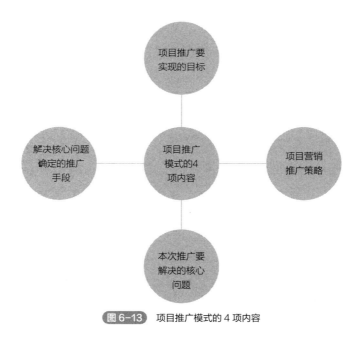

图6-13　项目推广模式的4项内容

（4）确定推广计划

推广计划是指根据项目定位及开盘时间，配合项目销售的5个基本周期，即引导期、开盘期、强销期、持续销售期、尾盘期，规划出可行、有效的推广方案。

推广计划内容包括：时间阶段、广告形式、广告主题、选择媒体、活动安排（活动名称、活动目的、活动时间、活动地点、活动人员、活动内容），如表6-5所示。

表6-5 项目推广计划安排表

| 时间阶段 | 广告形式 | 广告主题 | 选择媒体 | 活动安排 |
|---|---|---|---|---|
|  |  |  |  |  |
|  |  |  |  |  |

#### 6.4.3.4 广告推广及预算建议

工业互联网时代，大众的生活方式，从形式到内容，从现实场景到手持工具，都在发生巨大的改变。比如，消费者购房行为逐渐走向线上化就是一个前所未有的转变。相对应的，房地产广告和推广也面临着媒体渠道、传播形式、链接方式的改变。但万变不离其宗，无论如何改变，房地产广告的最终目标始终是销售业绩。

广告的存在，是解决信息的不对称问题。广告推广，始终要遵从广告传播规律和运作流程，不断革新广告手段和转变理念，才能最终达到房地产广告推广的最终效果。

一个完整且可操作的广告推广计划包括5大部分内容：广告媒体战略、广告周期拟定、广告主题提炼、广告媒体安排以及广告预算编排。

**（1）广告媒体战略**

媒体战略是指采用媒体的类型及其程度、频度、阶段计划。随着时代的变化进入全民营销时代，媒体形式数不胜数，每一种媒体都有着自己的特性和目标人群，房地产项目媒体需要精准投放。如今的广告媒体可以分为6类（表6-6）。

表6-6 项目常用广告媒体及代表媒介

| 媒体类别 | 代表媒介 |
|---|---|
| 户外媒体 | 公交车身、电梯框架、路口雨棚、LED灯箱、户外广告牌 |
| 广播电台、电视媒体 | 区域内各类广播电台、电视 |
| 互联网媒体 | 网站新闻、公众号、视频号、媒体平台知名博主 |
| 新闻报道媒体 | 传统纸质媒体专题报道类 |
| 企业自有平台及活动类媒体 | 企业官微、官博、视频号、直播、线下推广活动平台 |
| 印制类媒体 | 宣传折页、户型图、喷绘海报、条幅、广告牌、流动广告、手提袋、售楼书 |

面对如此多的广告媒体，项目在选择投放时，要注意按项目的广告投放节奏和开发阶段，有顺序地使用（表6-7）。

表6-7 广告投放期划分及主要工作安排

| 推广期 | 主要工作 |
| --- | --- |
| 广告筹备期 | 广告媒体安排以户外媒体和印刷媒体为主，主要有售楼处搭建、样板房建设、看板制作、海报及说明书定稿印刷等工作内容 |
| 广告公开期和强销期 | 以报刊媒体为主，加快节奏 |
| 广告续销期 | 依靠前期剩余户外媒体维持 |

（2）广告周期拟定

通常情况下，房地产广告的时间节奏有4种类型：集中型、连续型、间歇型和脉动型。广告周期也拟定为4个：引导期、公开期、强销期、续销期（表6-8）。

表6-8 广告周期划分及主要工作安排

| 时间划分 | 主要目标 |
| --- | --- |
| 引导期 | 初期讯息传播，重点在引起消费者注意 |
| 公开期 | 随着强销期来临，结合业务推广，如人员拜访、电话追踪、派报邮寄等展开立体促销攻击 |
| 强销期 | 对引导期和公开期所储备客户进行去化，调整整体销售策略 |
| 续销期 | 针对后期余下的房屋产品重新修正广告策略 |

（3）广告主题提炼

每个房地产楼盘的广告都有明确的主题，表现为几个核心诉求点及几个次要诉求点。广告主题通过市场调查、产品定位分析、企业品牌分析等3方面确定。广告主题提炼要做到以下4点。

① 明确的、生动的、有信心和打动力的主题定位，能让消费者对产品特点认知和了解得更加准确，是楼盘推广中来访量和销售额的保证。

② 在实际操作中，对广告主题做出有序安排。其中，在产品引导期和公开期，广告主题以产品规划优势、楼盘地段特征为主。在楼盘强销期和持续期，以价格攻势为主要内容，通过价格优惠和服务方面的承诺促使成交率提高（图6-14）。

③ 面对购房者逐渐年轻化，房地产文案要有突破传统的力度。文案真正与受众进行情感沟通，可以跨界、可以走心、可以脑洞大开，保证每句都能引起目标人群的共鸣并受到激励。

④ 在广告画面呈现及风格转变上能有所突破，确保有更优秀的创意。

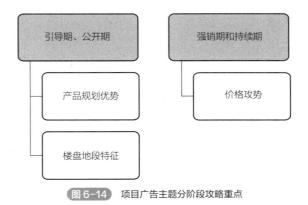

图 6-14  项目广告主题分阶段攻略重点

**(4) 广告媒体安排**

房地产有"不动产"特质，是消费额比较巨大的商品，开发企业的广告投入也非常高。广告投入追求客户转化、客户增量、用户连接。

电视、报纸、广播和杂志被视为四个最大传统广告媒体。今天的传媒环境和消费习惯已经发生新变化，互联网效果类媒体和流量广告占据龙头媒体地位。但是，研究表明，电视、广播、报纸、杂志等传统媒体对品牌流量仍然有巨大贡献，从媒体定位、传播价值、公信力、受众规模、品牌服务等方面看，传统媒体的广告仍具有价值。新媒体和传统媒体是互补关系，不存在谁会取代谁的势头。

益普索研究机构数据显示，2020年热门前十、高辨识度、占据心智的广告语中，47%的消费者对广告语的认知源于电视广告，56%源于互联网媒体，83%源于电梯媒体。83%的流行广告语由"电梯制造"。而如果对比去年的数据，54%源于互联网媒体，50%源于电视广告，81%源于电梯媒体（表6-9）。

表6-9  热门前十、高辨识度、占据心智的广告语消费者认知渠道占比（2020年数据）

| 广告媒体渠道 | | 消费者认知渠道占比 |
|---|---|---|
| 电梯媒体 | | 83% |
| 互联网媒体 | 长视频网站 | 16% |
| | 短视频网站 | 13% |
| | 社交媒体 | 10% |
| | APP | 13% |
| | 门户/新闻网站 | 8% |
| | 搜索网站 | 8% |

（续表）

| 广告媒体渠道 | | 消费者认知渠道占比 |
|---|---|---|
| 电视 | 传统户外媒体 | 22% |
| | 公共交通 | 16% |
| | 院线媒体 | 13% |
| | 报刊杂志 | 6% |
| | 广播电台 | 5% |

尽管如此，如何让广告发挥最大价值，实现最佳媒体效率，仍是房地产项目广告媒体安排的首要目标。

做房地产项目广告媒体安排的3大原则为：选择媒体前先做专业评估、筛选投放媒体先做费用测算、媒体组合要评估针对目标人群的效果（图6-15）。

房地产项目广告组合媒体的投放特点，如表6-10所示。

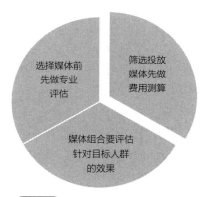

图6-15　项目广告媒体安排的3大原则

表6-10　房地产项目广告组合媒体的投放特点

| 广告类别 | 核心媒体 | 投放特点 |
|---|---|---|
| 传统广告类 | 户外媒体、电梯广告、印刷媒体和报刊、广播电台、电视媒体 | ①户外媒体及电梯广告媒体位置固定，偏重于楼盘周围区域性客源；<br>②印刷媒体可定向派发，针对性和灵活性较强；<br>③报刊媒体和广播电视覆盖面广，客源层多 |
| 互联网广告 | 朋友圈、微信群、小程序、公众号、视频号、企业微信、视频直播 | ①融入了社交、娱乐、资讯内容等场景，利用游戏、动漫、体育、影视等IP资源，实现信息的数字化表达；<br>②通过智能外呼、留资校验等线索筛选功能，提升客资有效率 |

（续表）

| 广告类别 | 核心媒体 | 投放特点 |
|---|---|---|
| 社交媒体广告 | 微博、微信、抖音、哔哩哔哩、小红书等 | 抵达主流人群的核心媒体渠道 |
| 平台型客户端 | 微博、新闻客户端 | 知名客户端平台下载量、日活量、运营能力好，广告效果佳 |
| 互联网传播工具 | 小程序、公众号、视频号、企业微信、视频直播 | 互联网工具会直连销售，能快速实现数字化信息传递和链接 |

### （5）广告预算编排

就房地产项目而言，广告预算大致控制在楼盘销售总金额的1%～3%之间。在销售筹备期印刷广告制作支出大，约占总金额预算的30%～50%。进入公开期，报刊媒体费用上升，广播电视密度增加，广告预算约占总金额的50%～70%。续销期，广告预算慢慢趋近于零，销售也逐渐结束（图6-16）。

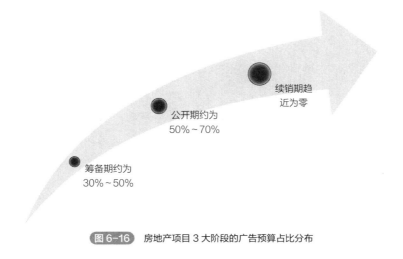

图6-16 房地产项目3大阶段的广告预算占比分布

## 6.4.4 销售策略制定

一切房地产营销工作都围绕销售策略与管理展开，在实际操盘过程中，不盲目制定任何销售细节举措。而是将整个销售策略体系和管理框架思考成熟，构筑完善，以便在整个销售过程中，针对不同时期制定相应销售策略和管理举措。

销售策略包括6大内容：销售策略分析、重点工作及销售目标分阶段安排、推案时机分析、价格体系制定、推案策略制定以及销售现场布置（图6-17）。销售策略的制定将直接影响推广过程中项目利润获取的多少。

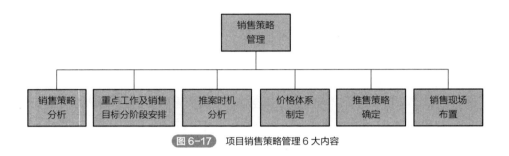

图6-17 项目销售策略管理6大内容

#### 6.4.4.1 销售策略分析

在房地产销售策略中，销售目标、销售方式、销售重点是推动销售的"三驾马车"（表6-11）。

① 销售目标。主要有将房子卖出去、提升公司品牌形象、改善当地人的居住生活方式等。

② 销售方式。根据个案需要选择合适的销售方式，通常有以下3种：传统被动销售，通过传统的媒介吸引客户上门；新被动销售，通过特定SP活动，吸引特定客源上门；主动销售，通过主动方式去意向客户集中处，宣传楼盘卖点并相互配合。

③ 销售重点。主要包括社区优越性，城市发展规划，公司品质保障，周边教育设施及为生活带来便利的设施，区域与市中心商业圈、附近风景区关系，多种安保系统，智能化社区网络，高雅VIP小区会所。以上8个销售重点，根据具体个案选用或增加。

表6-11 房地产项目招标策划书产品研究内容

| 主要内容 | 具体策略分析 |
| --- | --- |
| 销售目标 | 将房子卖出去 |
|  | 提升公司品牌形象 |
|  | 改善当地人的居住生活方式 |

（续表）

| 主要内容 | 具体策略分析 |
| --- | --- |
| 销售方式 | 传统被动销售 |
| | 新被动销售 |
| | 主动销售 |
| 销售重点 | 社区优越性 |
| | 城市发展规划 |
| | 公司品质保障 |
| | 周边教育设施及为生活带来便利的设施 |
| | 区域与市中心商业圈、附近风景区关系 |
| | 多种安保系统 |
| | 智能化社区网络 |
| | 高雅VIP小区会所 |

#### 6.4.4.2 重点工作及销售目标分阶段安排

这部分内容可参考表6-12，具体内容（任务、时间、工作重点）在编写时视项目实际情况而定。

表6-12 房地产项目各阶段销售工作重点

| 销售阶段 | 周期 | 工作重点 |
| --- | --- | --- |
| 蓄势引导期 | 3～4个月 | ①完成销售道具投入建设及接待处建设，售楼处、样板房落成并装修完毕；<br>②完善本阶段报纸系列稿及各类户外媒体制作稿、网站；<br>③确定预开盘、开盘时间，确定产品推介会、概念推广等公关活动；<br>④通过公关活动，为开盘完成定量意向客户积累和品牌积累；<br>⑤初探了解市场反映度和认同感，动态管理和调整楼盘定位及推广策略 |
| 开盘期 | 1～2个月 | ①遵循全新亮相、强势开盘、引爆开盘、强势推广、引发销售热潮的推广节奏；<br>②塑造品牌形象第一轮攻势，完成本轮强势开盘，制造惊爆开盘；<br>③客户本阶段积累；<br>④形成热点聚焦，去化本阶段既定的目标数量；<br>⑤迅速去化已积累客户，通过引爆开盘迅速积累新客源 |

（续表）

| 销售阶段 | 周期 | 工作重点 |
| --- | --- | --- |
| 强销期 | 3～4个月 | ①把握正确的市场扩散节奏，分批推案，形成持续热销；<br>②分主题波次进攻，结合时点、资源，推高楼盘概念；<br>③保持战略攻击重点，坚固阵地；<br>④维持项目推广热点聚焦，持续触动市场热点；<br>⑤塑造品牌形象的第二轮攻势，分卖点宣传推广；<br>⑥保证客户签约速度，并持续推广不断积累新客源 |
| 持续期和尾盘期 | 6～8个月 | ①稳定去化销售目标，稳定媒体投放，稳定去化速度；<br>②视销售需要决定是否举行大型促销活动；<br>③从企业内部和外部两个方面保证充足客户源 |

销售目标要分阶段安排。根据项目市场调研及实际情况，将拟售项目整个销售阶段划分出时期和阶段，并确定每个阶段的工作任务（表6-13）。

表6-13 房地产项目销售目标阶段安排表

| 阶段 | 阶段细分 | 时间计划 | 销售管理目标 |
| --- | --- | --- | --- |
| 蓄势引导期 | 预备开盘 | 3～5个月 | "开渠引水、筑坝蓄势" |
| 开盘期 | 接受咨询期 | 1～2个月 | 接受登记 |
| | 正式内部认购期 | 1～2个月 | 开始排卡认筹 |
| 强销期 | 强销初期 | 3～4个月 | 销售总套数的百分比 |
| | 强销中期 | 按项目规模确定 | 销售总套数的百分比 |
| | 强销持续期 | 按项目规模确定 | 销售总套数的百分比 |
| | 强销后期 | 按项目规模确定 | 销售总套数的百分比 |
| 尾盘销售期 | 尾盘初期 | 按项目规模确定 | 销售总套数的百分比 |
| | 尾盘后期 | 按项目规模确定 | 销售总套数的百分比 |

### 6.4.4.3 推案时机分析

根据同区域市场竞争楼盘的开盘时间和自身项目的工程进度确定项目入市时机。一个项目进行到推案时机分析，是销售策划管理的第三个环节，主要包括国内整体房地产市场形势分析、城市房地产市场情况及所受影响分析、项目形象分析3部分内容。

（1）国内整体房地产市场形势分析

对国内整体房地产市场形势进行分析。主要分析当前国内整体房地产市场形势，以及国家新出台各项政策法规对房地产市场的影响。

（2）城市房地产市场情况及所受影响分析

分析项目所在城市房地产市场情况及所受影响。其次，对所在城市销售形势进行分析。综述所在城市其他已开和待开项目销售情况，并从主题、品质、规模3方面展开。

（3）项目形象分析

主要内容包括分析项目工程形象、分析项目工程重要性、项目对工程形象的主要要求。

#### 6.4.4.4 价格体系制定

价格与项目品牌、客户群体、市场状况等方面密切相关，制定价格首要考虑的因素主要有销售前市场环境、周边楼盘及同质楼盘供应和销售状况、楼盘自身客观条件（地理位置、质素、工程进度）、销售战略及销售进度、买家取向（付款方式、楼高、景观、规模、户型、园林等）及发展商营销目标等。根据项目实际情况和所在城市房地产市房场特征，制定项目价格体系。

项目价格是项目价值的一种表现。它取决于供求关系、项目价值，甚至取决于销售姿态和销售方式。

项目的价格体系主要有6部分内容：①均价策略；②定价策略；③价格表制定；④价格策略；⑤调价策略；⑥付款方式及平均折扣点。

（1）均价策略

制定项目均价需要参考以下几个因素，具体内容见表6-14。

表6-14　房地产项目均价制定的参考因素

| 参考因素 | 详细内容 |
| --- | --- |
| 项目前期市场环境 | 本区域政治经济环境，同等楼盘平均价格水准 |
| 同区域竞争楼盘情况 | 同区域楼盘、同质楼盘、同客户群楼盘、同户型楼盘、同规模楼盘、同价位楼盘的供应和销售状况 |
| 项目自身特点 | 地理位置、项目素质、物业管理、工程形象进度、周边配套、产品定位及品牌形象等方面 |
| 目标客户 | 根据自身产品特征及公司发展战略需要，以消费者潜在心理的可接受价格为出发点 |
| 营销目标 | 项目要求的付款方式、回款要求、销售率等目标 |

① 项目成本。根据市场需求，确定目标客户及户型标准，制定目标产品，运营部根据不同产品成本及公司全面成本指标核算项目总成本、利润目标。参照运营部提供的成本表，按照一定的利润要求，直接引用各类产品的单位成本，确定初步利润率均价，产品的可变成本是定价的下限。

② 市场竞争。按产品周期，以项目为核心，选择周边重点楼盘调查研究。进行

充分的市场调研，了解竞争对手的价格情况，制定符合竞争要求的价格。

选择竞争对手项目作价格参考要保证以下4点：①目标客户相似；②推售时机接近；③区位特征类同；④对方销售价格表比较透明。

**（2）定价策略**

确定项目定价要用到5个指标：

① 权重，即各因素对项目影响的比重，分项目权重和为100%；

② 分项权重，即根据项目特点考虑价格影响因素的重要性决定权重系数；

③ 分项权重比值，即以项目为基准，定出项目与参考项目的优劣比值；

④ 各项目价格实现，即实现销售价格；

⑤ 比较价，即项目预计均价。

计算公式为"预计均价＝参考销售均价×（1+分项权重合计值）"；参考权重，即根据参考项目对项目影响程度在制定价格时所考虑的权重；加权平均值，即最终预计均价。

计算公式为"加权平均值＝比较价1×参考权重1+比较价2×参考权重2+比较价3×参考权重3"。项目均价参考比较表，见表6-15。

表6-15 项目均价参考比较表

| 价格影响因素 | 分项权重 | 分项权重比值 | | |
|---|---|---|---|---|
| | | 参考项目1 | 参考项目2 | 参考项目3 |
| 地段知名度 | 10% | 0.00 | 0.01 | 0.02 |
| 规模 | 7% | 0.00 | -0.05 | -0.10 |
| 交通 | 10% | 0.00 | 0.01 | 0.01 |
| 生活配套 | 10% | 0.00 | 0.01 | 0.05 |
| 景观环境 | 8% | 0.20 | 0.02 | -0.02 |
| 户型平面 | 15% | 0.01 | -0.10 | -0.10 |
| 物业管理 | 5% | 0.01 | -0.01 | -0.05 |
| 噪声 | 5% | 0.00 | -0.02 | -0.10 |
| 装修标准 | 5% | 0.01 | -0.01 | -0.02 |
| 发展商知名度 | 5% | 0.05 | 0.00 | 0.00 |
| 建筑外立面 | 10% | 0.02 | -0.05 | -0.10 |
| 交楼时间 | 5% | 0.05 | 0.10 | 0.10 |
| 营销策划 | 5% | 0.01 | 0.01 | -0.05 |

（续表）

| 价格影响因素 | 分项权重 | 分项权重比值 | | |
|---|---|---|---|---|
| | | 参考项目1 | 参考项目2 | 参考项目3 |
| 分项权重合计 | 100% | 0.189 | 0.032 | -0.0241 |
| 各项目价格实现 | | 4318 | 3680 | 3200 |
| 销售速度调整价格 | | 4318 | 3680 | 3400 |
| 比较价 | | 3501 | 3562 | 3482 |
| 参考权重 | | 75% | 22% | 3% |
| 加权平均值 | | 3514 | | |

（3）价格表制定

价格表组成部分有房号、朝向、户型类型、面积、单价、总价、户型之间的水平差价、竖向层差等。另外，价格表制定主要包括价格策略、价格拉升体系、推售策略（销控策略）、定价原则、付款方式及平均折扣点制定等内容。

（4）价格策略

依据销售利润目标、规模、均价的市场竞争力、销售周期要求等情况确定项目价格走势策略。一般分为：高开高走，一步到位；中开高走，稳步拉升；低开高走，逐步拉升。一般情况下，价格制定要与销售控制紧密联系，价格策略通常要与销售控制放在一起进行制定。

（5）调价策略

项目销售控制不是为了更快地销售，而是为了实现项目价值最大化。主要通过价格调整体系来实现。根据持续销售的需要，一些项目会通过销售控制管理，调整价格走势，帮助项目开盘后拉升价格，对产品价格保持动态调整，实现较高的收入。

价格调整策略制定的依据有4点：①在整个楼盘营销过程中，应保持一直有好的房源；②市场的变化情况、产品周期及时间节点排布；③工程进度；④根据销售节奏安排的时间节点。房地产项目价格计算表，见表6-16。

表6-16　房地产项目价格计算表

| 销售阶段 | 时间 | 销售率 | 销售套数 | 均价 | 提价幅度 | 销售面积 | 金额 | 优惠变化（阶段优惠折扣） |
|---|---|---|---|---|---|---|---|---|
| 开工期 | | | | | | | | |
| 开盘期 | | | | | | | | |
| 强销期 | | | | | | | | |

（续表）

| 销售阶段 | 时间 | 销售率 | 销售套数 | 均价 | 提价幅度 | 销售面积 | 金额 | 优惠变化（阶段优惠折扣） |
|---|---|---|---|---|---|---|---|---|
| 封顶实楼展示期 | | | | | | | | |
| 尾盘期 | | | | | | | | |

（6）付款方式及平均折扣点

常见付款方式的计算方法，见表6-17（注意：一般足额定金为1万～5万元）。

表6-17　房地产项目常见付款方式计算表

| 付款方式 | 既定折扣 | 付款时间要求 | 付款比例系数确定 |
|---|---|---|---|
| 一次性付款 | 95折 | | |
| 首期三成银行按揭 | 96折 | | |
| 首期×成银行按揭 | 97折 | | |
| 首期×成银行按揭 | 98折 | | |

#### 6.4.4.5　推售策略确定

项目的推售策略主要包括销售策略安排、销售节奏控制、产品销售组合安排3个部分。

（1）销售策略安排

房地产项目销售策略安排表，见表6-18。

表6-18　房地产项目销售策略安排表

| 时期 | 事项 | 详细要求 |
|---|---|---|
| 高调入市 | 销售单位 | |
| | 价格策略 | |
| | 销售情况 | |
| | | |
| 市场强销期 | 销售单位 | |
| | 价格策略 | |
| | 销售情况 | |
| | | |

（续表）

| 时期 | 事项 | 详细要求 |
|---|---|---|
| 尾盘销售期 | 销售单位 | |
| | 价格策略 | |
| | 销售情况 | |

### （2）销售节奏控制

房地产项目销售节奏控制图，见图6-18。

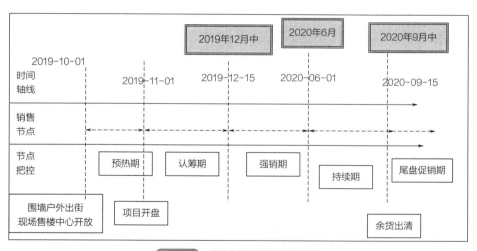

图6-18　房地产项目销售节奏控制图

### （3）产品销售组合安排

一个项目开盘就被一抢而空不是好事，说明定价偏低，开发企业并没有得到最大利润。所以，项目需要制定推售策略，以控制好销售节奏。

在一个项目中，好产品肯定会卖得快。但是一个项目的盈利点更多的是体现在差产品上。所以，产品组合搭配就成了是否可以达到项目价值最大化的关键。

房地产项目常用产品销售组合会因为项目开发大小而不同：①小规模开发项目，多采取分层组合推售；②户型同质化严重的开发项目，多采取分户型组合推售；③大规模开发项目，多采取分期组合推售。

在控制组合推售安排上，要做到以下两点。

① 导入期、开盘期、强销期、尾盘期合理安排供给比例，每个期间供应的销售量在面积、朝向、楼层中保持一定大小、好坏、高低的比例，实现均衡销售。

② 控制销售节奏，尤其要控制房源。比如，控制一部分房型较好、位置理想的房源暂不发售，后期好房源面市时，就能在价格上升期售出，取得较好的经济效益。也营造出其他不好销售楼层的低价格优势，引起市场关注，化解其他楼层的销售抗性。

#### 6.4.4.6 销售现场布置

销售中心是展现项目特点及优势的窗口，也是销售人员与目标客户近距离接触的重要场所。不仅仅是为了销售，更重要的是为目标客户展示功能。房地产项目销售现场包装布置主要有两大方面，即售楼处和样板房。

（1）售楼处包装布置

作为体现楼盘整体形象的窗口，售楼处位置设置得合理与否，包装效果的优劣将直接影响到开发商的整体形象，同时也是开发商文化内涵与总体实力的直观表现。售楼处一般分成7大功能区，分别是参观区、洽谈区、应接区、品位廊、现场建材展示厅、签约室、休息室，要求区域动线分明，功能区分明确。

（2）样板房包装布置

邀请客户参观装修精美的样板房，目的是让客户在参观过程中，发生微妙的心理变化，巩固楼盘在客户心中的印象，最终在参观后产生购买欲望。

样板房的包装策略，应根据项目定位和目标客户消费偏好，制定出相应装修样式、风格和氛围场景，目的是第一时间争取到客户的好感。

样板房区域需要布置的空间包括：样板房公共大厅、电梯提醒展示、户型水牌展示、鞋柜设计展示、内部摆设、饰品点缀、阳台包装灯具细节、卫生间细节、户外空间等。

### 6.4.5 团队管理机制

本小节主要阐述营销策划代理机构的内部管理制度及规划，销售团队与业主之间的联络和反馈机制。

（1）销售组织架构人员配置

项目营销经理是项目销售第一负责人。要求区域营销总经理为半年内摘牌项目做好人才培训计划，并在区域平台储备新项目第一负责人。其中包括销售组配置、小组成员板块、项目培训纲要及案场辅助小组（图6-19、图6-20）。

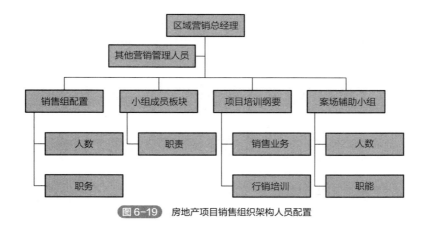

图 6-19 房地产项目销售组织架构人员配置

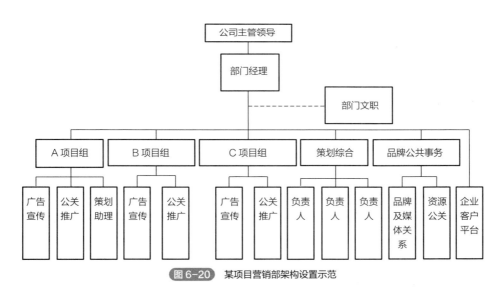

图 6-20 某项目营销部架构设置示范

（2）人员培训机制

对营销人员及培训的计划，包括人员招募、培训计划、考核上岗。

（3）销售目标

根据房地产项目开发价值链各环节的不同职能要求，项目销售目标的完成要做到：

① 分阶段、分类型、分模式制定销售计划、资金回笼计划及其保障措施；

② 为整个项目提出特殊销售技能、途径的研究建议。

房地产项目销售目标的实现还要依靠企业的组织架构设置，分级别、分项目、分职能、分负责人的方式层层管理。

### 6.4.6 营销费用使用计划

房地产开发公司的营销费用一般要占销售额的3%～5%。房地产行业开始实行精细化管理，企业最先挤压费用"水分"的是项目营销费用。房地产营销费用纷繁复杂，其投入产出比不好量化，控制难度较大，投入额度和成效之间，偏之毫厘，差之千里。正因为如此，营销策划书中，更要按照类别，分类管控好营销费用。

#### 6.4.6.1 营销费用类别及使用范围

房地产项目的营销费用一般包括6个部分：营销基建费、营销机构运转费、销售推广费、合同交易费、销售代理费和策略营销费（表6-19）。

表6-19 主要营销费用类别及使用范围

| 营销费用类别 | 使用范围 |
| --- | --- |
| 营销基建费 | 售楼部以及样板房的基建成本 |
| 营销机构运转费 | 维持房地产专职营销机构运营开支 |
| 销售推广费 | 为了使开发项目顺利达到销售目标，尽快回笼资金而投入的广告费、业务宣传费、营销活动费、策划顾问费等 |
| 合同交易费 | 预售合同或出售合同交易时，开发企业需交纳的交易手续费用，此项为非代收代付客户部分的交易费 |
| 销售代理费 | 房地产开发企业委托代理公司进行销售所支付的佣金 |
| 策略营销费 | 采取非常营销手段进行促销所产生的费用 |

在营销费用使用计划部分，要提出销售代理的费用类别、额度及费用使用时间、费用安排计划，包括与销售目标挂钩的有关奖惩。

#### 6.4.6.2 营销费用使用计划的制定

营销策划书中的营销费用使用计划，要本着为开发企业节约成本，创造价值的思想。

营销策划书，体现对"营运"和"销售"两个环节的协调和整合，需要做到以下5点：

① 费用计划避免从单一角度考虑，造成重复投入；

② 强化预算控制，通过预算统一协调；

③ 费用投入要体现营销费用投入的事前、事中和事后的全过程管理，解决营销费用主动投放机制及业务与财务信息不对称的问题；

④ 营销策划书中的费用预算采用预算制方案，以保证其投入的整体效益；

⑤ 策划书中关于日常市场营销活动投入，要规定流程来核定费用标准，根据费用投入和市场效果双向目标控制费用使用。

# 第 7 章
# 房地产项目工程管理策划书的撰写策略

房地产项目管理中一个非常复杂的阶段是项目工程条线管理。这个阶段的管理依据是房地产项目工程管理策划书。

项目工程管理策划书是为实现工程项目的工期、质量、安全、成本等管理目标而制定的纲领性文件。是针对完成工程项目而制定方案、编制计划、实现预期目标的依据性文件,由项目的施工企业印发到工程项目部,需要强制执行的指导性纲领文件。项目工程管理策划书要确定工程项目人、材、机、资金、技术、安全环保等管理资源的配置方案,内容既要包含工作安排和管理,也要包括执行中的重点及难点工作。

## 7.1 项目工程管理策划书的撰写要求

建设工程的项目管理是以施工项目为管理对象,按施工项目的技术要求流程,对资源进行优化配置,对各生产要素实施计划、组织、指导、控制的过程。

项目工程策划书是为实现房地产项目运营目标而制定的工作计划。项目工程策划书的最终目的是通过制定方案和工作计划,实现项目预期运营目标。

项目策划中涉及的执行方案,要进行多方案比较,特别是施工类方案和计划成本,必须经过多方案比较,做到好中选优。

房地产项目的工程管理策划贯穿于整个房地产项目工程建设，从签订施工合同开始到工程项目竣工验收，直至完成竣工结算，是涉及项目建设全过程的管理策划书。

### 7.1.1　工程策划书并非施工组织方案

作为一个房地产策划人，理解和制作项目工程策划书时，不要把它理解为项目的施工组织设计方案。二者的区别有3点：

① 房地产项目施工组织设计方案，本质上是解决项目怎么干的问题；

② 房地产项目工程管理策划书，本质上是解决怎么干好的问题；

③ 项目策划书比项目施工组织设计方案的内容要广泛很多，结构也相对复杂。

一份项目策划书的格式主题不会一成不变，内容制作本着由浅入深、由粗到精、由纲到目，逐渐细化、逐步完善的原则。

### 7.1.2　策划书要体现对工程的管理

一份项目工程管理策划书主要是为了管理好项目工程，要呈现3点核心内容：①明确项目工程管理工作细则；②构建项目工程系统性框架；③能为项目决策提供依据，为项目实施提供指导，为项目运营奠定基础。

### 7.1.3　策划书要体现全局管理

一般情况下，一个房地产项目的工程管理策划书要体现出项目全局管理。主要体现在5个方面：①房地产项目如何实施；②建筑产品质量如何；③项目销售价格怎么定；④企业利润的大小；⑤消费者安全如何保障（图7-1）。

### 7.1.4　撰写者要厘清所有工程环节

深入研究、理解所建项目，认真仔细梳理项目建设全程大小环节是编好项目工程管理策划书的决定性前提。项目工程管理策划书有4大核心方案（图7-2）。

图 7-1　项目工程管理策划书要体现的 5 大方面

**（1）工程实施设计方案**

一项房地产建筑工程中标后，首先要做的是审核施工组织设计，编制现场总体实施方案。主要有 5 类内容：①技术方案，制定可控成本，在实施中灵活调整方案；②安全方案，配备合适的管理人员；③质量管理，建立质量管理体系；④资源配置，协调好设备物资和其他资源进场的先后次序；⑤施工顺序，分清主次和轻重缓急。

**（2）场地布局和现场组织方案**

现场施工便道的修建要依据地区特点，既要考虑通行需要和使用频率，也要对便道进行及时修补，避免影响居民生活。工人居住区建设要根据工期长短对住房建设进行规划，或租用，或修建临时房屋。场地建设，如钢筋加工场、拌和站、料场等因地制宜，既考虑征用土地费用，也考虑场地使用方便。

**（3）公共关系处理方案**

妥善处理好与业主、监理及地方政府、住地居民的关系，为施工创造良好外部环境，保证施工顺利进行。

**（4）内部关系及工人薪资管理方案**

项目工程管理涉及的协作部门和工作人员非常多，协调处理好内部关系对工程管理成效至关重要。

一个房地产项目可能设若干个内部施工队或施工班组，工人管理是工程顺利进行的根本保证，一般涉及两方面内容：①约束工人间保持互相支持、相互协作的制度；②工人工资的兑现和调整，工资会影响工人的思想情绪，一个项目的工程管理内容除了涉及搭配工资兑现制度外，还要有根据物价状况调整工资或建立激励机制。

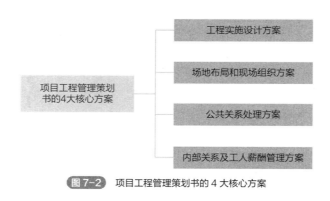

图7-2　项目工程管理策划书的4大核心方案

## 7.2　项目工程管理策划书的内容结构

一般来说，项目工程管理策划都有两大方面的重点内容。一是工程质量；二是工程进度。工程管理策划与项目实际情况紧密结合，每个要点分析要基于项目的实际情况，而不仅仅撰写通用管理法则。

一个房地产项目工程管理的主要内容结构包括8个方面：工程概况、组织架构与岗位职责、管理范围划分与明确事项、工程进度管理、工程质量与安全管理、工程成本管理控制措施、工程风险控制管理与对策、沟通与协调管理（图7-3）。

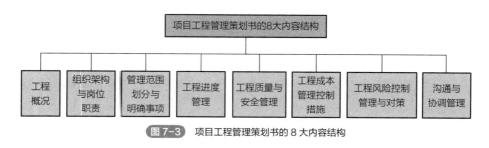

图7-3　项目工程管理策划书的8大内容结构

## 7.3　项目工程管理策划书的撰写要点

房地产项目工程管理策划书要结构简练、文字通畅、言简意赅，最好多用图表说话，多用流程图，切忌重形式不重内容，策划方案要有很强的可执行性。

### 7.3.1　项目工程概况分析

房地产项目工程的展开过程，最核心的是工程和营销两项工程的展开。其中，工程展开是项目工程管理，管理总目标是把控质量、进度和成本。撰写工程管理策划书第一步是对项目概况进行介绍，进一步做好充分准备。

#### 7.3.1.1　项目概况介绍

一般项目概况的结构内容包括楼房建筑面积、规格、数量、结构、容积率、单户建筑面积、相关配套设施种类等。项目概况部分主要阐述项目位置和地块现状。项目概况介绍包括7类因素：宗地位置、四至范围、土地归属、具体建设地点位置、总占地面积、总建筑面积及建筑结构等。

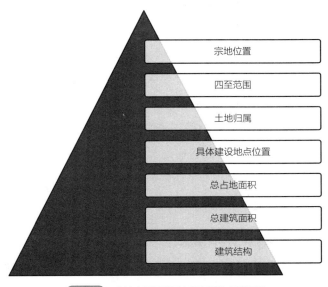

图7-4　房地产项目概况介绍包括的7类因素

### 7.3.1.2 项目总平面图分析

一份项目总平面图，必须有明确的前提条件和设计依据，备注清楚总平面图的布置原则。

**（1）总平面图的前提条件和设计依据**

房地产工程管理总平面图的前提条件和设计依据是审批后的扩大初步设计、详勘后施工图方案设计、城市道路及市政管线衔接条件批文，以及在粗平土图基础上的深化。

**（2）总平面图的主要内容**

总平面图主要内容包括6类：

① 项目所处位置与大小；

② 新建房屋在场地内的位置以及与邻近建筑物的距离；

③ 新建房屋的方位用指北针表明；

④ 新建房屋首层室内地面与室外地坪及道路绝对标高；

⑤ 场地内道路布置与绿化安排；

⑥ 扩展房屋预留地等。

**（3）总平面图的布置原则**

总平面图布置需要遵循如下6大原则：

① 根据设计要求及房屋构造特点合理安排布置；

② 根据现场实际地形，最大限度利用施工场地；

③ 与总包单位协调确保机械摆放、材料堆放及材料加工厂位置满足施工要求，同时不阻碍施工通道，不影响销售展示；

④ 现场办公室区域与施工区域保持一定隔离；

⑤ 水电接口靠近施工区域，合理布置水电管线。采用较短路线，同时尽量避免管线交叉；

⑥ 满足文明施工及消防要求。

### 7.3.1.3 项目工程管理的特点和难点

阐述项目分期开发的计划、工期难点、竣工时间，工程量大小及施工难度，工程管理难度等主要问题。

## 7.3.2 组织架构与岗位职责

项目工程管理策划中的单位组织架构设计，不同公司有不同的设置。但是，主要需要设置的部门有3个。

① 管理部门。主要是项目总经理（总经理助理）、项目副总经理。

② 职能部门。设置设计管理、土建、水电、成本控制、材料、配套工程、维修、报建、工程档案管理、人事行政、公共事务协调等职能部门。

③ 监理部门。主要包括电建、给水、土建三类监理师。

### 7.3.2.1 组织架构

项目各单位组织架构及管理关系，如图7-5所示。

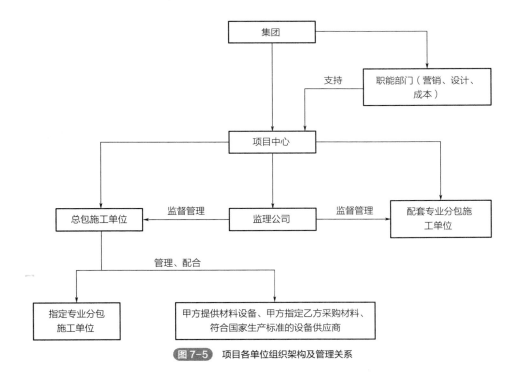

图 7-5　项目各单位组织架构及管理关系

项目工程管理常规组织架构图和项目中心组织架构图，分别如图7-6、图7-7所示。

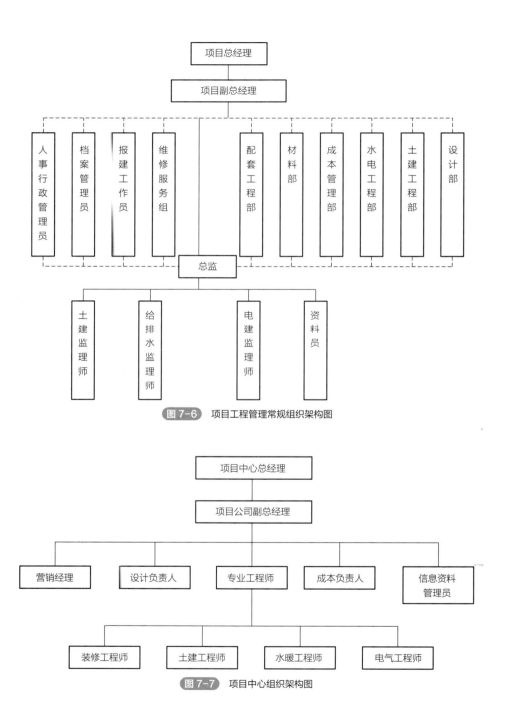

图 7-6 项目工程管理常规组织架构图

图 7-7 项目中心组织架构图

监理组织架构图和总承包商组织架构图，分别如图 7-8、图 7-9 所示。

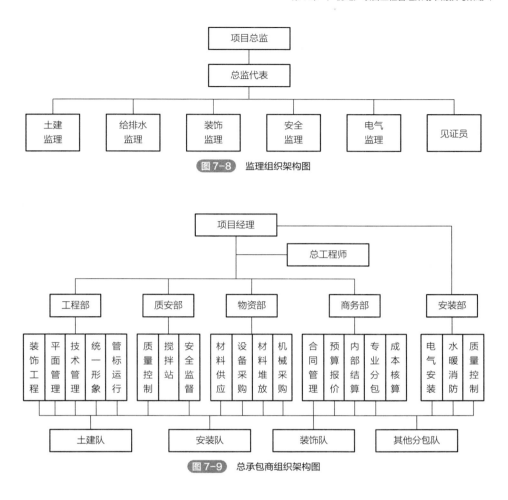

图 7-8 监理组织架构图

图 7-9 总承包商组织架构图

## 7.3.2.2 主要职责

房地产项目工程管理的主要岗位职责，见表 7-1。

表 7-1 房地产项目工程管理主要岗位职责

| 核心岗位 | 主要管理职责 |
| --- | --- |
| 总经理 | ①制定公司长期规划和年、季、月度房地产开发计划和利润目标，组织实施各目标；<br>②建立和健全公司管理机构、规章制度、岗位职责、激励机制、工作流程；<br>③按程序审核公司各项财务收支，控制公司财务开支，控制运营和开发成本；<br>④负责项目可行性分析论证、风险评估、政府报批、招投标、施工管理、成本控制、竣工验收及营销等工作；<br>⑤负责与政府部门、合作单位及客户等组织机构的公关工作；<br>⑥开发项目的规划方案管理、施工组织设计； |

（续表）

| 核心岗位 | 主要管理职责 |
| --- | --- |
| 总经理 | ⑦项目勘察、设计委托及管理；图纸会审记录、签证等审批；工程款、材料款审批；<br>⑧负责房地产项目设计、监理、工程发包、材料设备采购等招标工作；<br>⑨负责合同、会签及归档管理；参建单位工作任务计划管理；工程项目成本、质量、进度管理；项目参建单位组织和施工协调管理；<br>⑩选聘各岗位人员、负责团队绩效考核、奖惩标准及方案制定、内外部门协作及外联 |
| 副总经理 | ①直接对公司总经理负责；全面参与项目可行性研究及立项工作；<br>②直接领导开发项目的财务、行政、营销及部门日常工作；<br>③直接负责公司工程管理规范化工作；组织编制、完善各项管理制度；选聘、任用主管部门岗位人员；制定下属部门绩效考核、奖惩标准；<br>④参与市调、企划、销售、招商等全过程管理，推动项目整体营销推广策略实施 |
| 总工程师 | ①直接对总经理负责；直接领导开发部、预算合同部、工程部日常工作；<br>②编制、审核、签发对内、对外的工程技术文件；各类工程方案文本的编制、审核、报批、公示；<br>③负责项目的规划图，如总平面图等重要文本的编制、审核、报批、公示；组织公司有关部门、专家审核规划设计方案；<br>④保证户型合理，造价经济合理，施工方便，材料方便实现；确保施工图设计效果实现；<br>⑤负责地质勘察设计单位招标、合同签订、现场配合及地质报告审核、归档、签发；<br>⑥负责施工图设计单位招标、合同签订及设计任务书、成本控制、审查报批、归档、签发等工作；<br>⑦协助拟定工程合同，审核合同条款，参与对投标单位资质的考察和确认；考察和认证工程设备和材料；<br>⑧组织参与设计技术交底，图纸会审工作，审查图纸会审纪要；工程营销所需工程规划、设计材料（图纸、数据）的整理、核实、保存、提供；<br>⑨建立设计巡场制度；制定工程技术、质量处理原则和制度；工程竣工结算，设计变更、技术评审签字；<br>⑩制定物业管理维护管理制度，负责客户装修咨询和管理 |
| 土建工程师 | ①负责项目基础、主体结构、装饰装修等分项工程及市政、园林等本专业技术管理；质量、进度、投资控制、文明施工管理、合同管理、信息管理；<br>②负责开工前的地质勘察、三通一平、图纸会审、设计交底、施工隐蔽验收、轴线和标高复核、设计变更、质量控制、进度控制过程技术和质量问题处理、施工组织协调工作和基础、主体、竣工验收，保修期内的保修工作；<br>③根据合同及施工总进度计划，审查工程施工组织设计，按计划控制土建工程项目现场的施工进度；<br>④根据合同约定、设计图纸及规范要求，监督项目施工质量，参加土建工程检查验收、材料设备进场验收； |

（续表）

| 核心岗位 | 主要管理职责 |
|---|---|
| 土建工程师 | ⑤根据项目施工预算书，控制项目施工成本，参加现场经济签证、技术核定单、认质单、认价单的审查确认；<br>⑥负责现场土建工程合同管理，确保合同履约完成，协助实施执行、纠纷、索赔事宜；参与本专业项目招投标、拟订招标文件等技术部分；<br>⑦参加现场建设单位、监理工程师、土建工程承包商信息交流管理事宜；<br>⑧解决项目施工设计、施工问题及现场涉外关系；<br>⑨协调各专业工程师的现场工作，完成施工日志；管理协调项目竣工至保修期满时间段的工程保修 |
| 水电工程师 | ①按项目配套时间节点推进水电配套工程质量及进度，保证安全文明施工，做好水电配套单位进场前的审核工作、管线预埋工作；<br>②负责项目临水、临电及正式用电、用水管理；<br>③负责水电费管理，核查施工单位月用水、用电量，建立水电费台账；<br>④协调配套单位进场：协调配套单位进场施工；<br>⑤计划和文档编制管理：付款计划、配套施工计划编制、材料招投标计划编制 |

### 7.3.2.3 项目中心的组织架构及职责

房地产开发的项目中心是指项目建造成本控制中心。项目中心组织模式下，实行项目总经理负责制。项目建造成本控制工作由项目总经理直接领导，公司成本管理部则承担指导、评估和监控职责。

一个房地产项目中心组织的工作职责包括：

① 建设过程中贯彻国家基本建设方针、政策和法令，确保小区建设规划部署各项施工任务完成；

② 由具有现场施工经验的专业技术人员组成专业班子，在建设过程中起组织、指挥作用；

③ 具有较强管理、服务意识，正确处理和平衡经济效益、社会效益、环境效益关系；

④ 管理标准以质量管理为核心，创建优良群体、提高工程质量、降低工程成本、缩短工期，提高企业经济效益；

⑤ 执行建筑施工总包合同，跟进工程质量、进度，配合销售做好施工现场文明施工管理工作；

⑥ 对工程质量、进度及合同管理负直接责任；严格执行工程签证、设计变更、工程洽商管理制度；协助成本管理部的成本控制工作；

⑦ 与项目开发部、设计工程部对接，负责进行项目前期报批报建工作；

⑧ 负责竣工验收、规划验收、业主入住验收、工程质量评奖等工作。

房地产项目中心工作节点划分及工作内容，见表7-2。

表7-2 房地产项目中心工作节点划分及工作内容

| 工作环节 | 核心内容 | 责任部门 |
| --- | --- | --- |
| 报批报建 | ①项目前期区级报批报建工作；<br>②办理工程建设施工许可证；<br>③报质监安监 | 项目中心 |
| 开工准备 | ①现场确定红线点；<br>②场地拆迁清理；<br>③地形图测量；<br>④申请施工用水、用电；<br>⑤申请施工用水排放许可；<br>⑥临时施工路口报批；<br>⑦临建施工报批；<br>⑧围墙、道路及临时设施施工；<br>⑨市政配套管线到位情况落实等 | 项目中心 |
| 施工及监理合同 | ①施工队伍考察、招标及签约；<br>②监理单位选择及签约 | 项目中心参与，成本管理部负责 |
| 零星工程 | 零星工程施工队伍招标及签约 | 项目中心负责，成本管理部监控 |
| 图纸及方案评审 | ①初步设计；<br>②各专业施工图纸专家评审 | 设计部负责，成本管理部及项目中心参与 |
| | ①基础及主体工程施工图纸会审；<br>②由施工组织设计审定 | 设计部组织，项目中心、成本管理部参与 |
| 材料设备 | 材料的选样、定型 | 设计部 |
| | 制定材料设备供货计划表 | 项目中心 |
| | 供应方的材料设备询价及订货清单 | 成本管理部负责，设计部、项目中心参与 |
| | 供应方的材料设备到货验收 | 项目中心 |
| 工程验收 | ①基础验收；<br>②主体结构验收；<br>③工程竣工核验；<br>④专业工程验收（规划、消防、配套、电梯等） | 项目中心 |

## 7.3.3 项目管理范围划分

项目工作范围划分是工程管理策划书中的重要内容。做项目范围分解和界定，要明确3点：

① 明确项目范围和层次划分；

② 明确完成项目要做哪些工作，由谁来做；

③ 明确项目范围分解和界定，详细划分出"大部件"工作包，整体工程管理工作对应每一个工作包，制定必须执行的具体活动。

为了明确工作责任，高效率协调工程进度，常规的项目范围界线首先要分为4大部分（图7-10）。

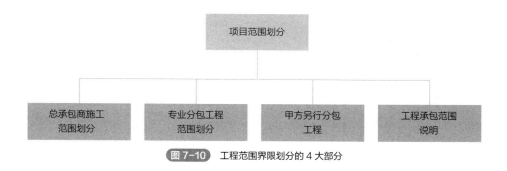

图7-10 工程范围界限划分的4大部分

### 7.3.3.1 总承包商施工范围划分

总包施工单位应完成除专业承包工程范围以外的所有建筑、结构、给排水、电气、暖通及基坑围护施工图中的所有工作内容，与专业承包交叉施工部位的施工界面划分具体内容如下。

总体说来有3部分：确定专业分包单位及职责，制定价格管理制度，对项目总承包商施工范围划分做出分析。主要分析3个方面：标段划分、标段工程规模、划分优缺点。

用表格对总承包商施工范围划分进行分析，内容包括标段划分、标段工程规模以及划分优缺点。上海某项目工程管理策划书案例分析，见表7-3～表7-5，要注意的是，住宅按840元/平方米估算；商业按600元/平方米估算。

表7-3 项目总承包商施工范围划分

| 编号 | 标段划分 | 标段工程规模 | 优点 | 缺点 |
|---|---|---|---|---|
| 方案1 | 按住宅和商业划分两个标段 | 标段1：2~19号楼，建筑面积约14.4万平方米；估算总包造价约12000万元 | ①根据物业形态划分标段，与施工图分批交付相对应；②1号标段总造价较高，物业形态相同，有利于施工单位合理利用周转性材料、人力和工序安排，总报价可能较低；③工程管理协调量少，变更、签证工作争议少 | ①对总包单位的整体实力要求高，同步开工的启动资金约2500万元，对人力和周转性材料配置要求高；②1号标段总包施工单位须是与公司有过合作且评价很高的承建商，或经考察实力强大、合作愿望很强的企业，总包选择的风险高 |
| | | 标段2：1号、20号、21号楼，建筑面积约1.6万平方米；估算总包造价960万元 | | |
| 方案2 | 按场地划分两个标段 | 标段1：1~8号楼，建筑面积约7.7万平方米；估算总包造价约6180万元 | ①与目前桩基和监理的标段划分相匹配，有利于工程验收、备案和管理；②工程管理协调量相对少；③变更、签证协调工作量相对少；④有利于形成评比、良性竞争 | 对总包整体实力要求仍较高，资金、人力和周转性材料投入较多，总包选择风险仍存在 |
| | | 标段2：9~21号楼，建筑面积约8.3万平方米；估算总包造价约6876万元 | | |
| 方案3 | 按场地划分四个标段 | 标段1：1号、2号楼，建筑面积约3万平方米；估算总包造价约2232万元 | ①各标段规模与目前上海市总包施工单位的管理模式、资金实力、工程实践比较匹配，总包选择风险容易控制；②利于形成评比、良性竞争；③利于扩大公司合格承建商的资源 | ①现场管理和协调难度、工作量大；②变更、签证难以统一协调；③招投标工作繁琐，时间长；④技术质量标准难以统一，易出现水平参差不齐现象 |
| | | 标段2：3~8号楼，建筑面积约4.4万平方米；估算总包造价约3700万元 | | |
| | | 标段3：9~14号楼，建筑面积约4.4万平方米；估算总包造价约3700万元 | | |
| | | 标段4：15~21号楼，建筑面积约4.2万平方米；估算总包造价约3432万元 | | |

表7-4 专业总包工程范围内容

| 专项工程 | 工作界限说明 | 备注 |
|---|---|---|
| 门窗防护 | 铝合金门窗、阳台及空调铝合金栏杆（非铝合金栏杆由总包实施）、铝合金百叶窗工程 | |
| 雨棚类工程 | 幕墙、钢结构雨棚、汽车坡道、自行车坡道雨棚工程、单元门 | |
| 公共区域装饰工程 | 入户门厅、标准层电梯厅等公共部位精装修工程 | |
| 墙体 | 外墙涂料、真石漆工程 | |
| 进户门安装工程 | — | |
| 耐磨地坪工程 | — | |
| 人防门、人防设备安装工程 | | |
| 太阳能设备及安装工程 | | |
| 不锈钢水箱及安装工程 | | |
| 电梯设备及安装工程 | | |
| 消防工程 | | |
| 智能化工程 | | |
| 钢结构工程 | | |
| 天然气工程 | | |
| 给排水及自来水工程 | | |
| 耐磨地坪工程 | | |
| 热力工程 | | |
| 雨水、污水处理工程 | | |
| 通信、网络、有线电视工程 | | |
| 安防及智能化工程 | | |

表7-5 总包施工图范围外直接发包工程内容

| 工程类别 | 内容界定 | 备注 |
|---|---|---|
| 景观工程 | | |
| 市政工程 | | |
| 标识标牌工程 | | |
| 夜景照明工程 | | |
| 自来水工程 | | |

（续表）

| 工程类别 | 内容界定 | 备注 |
|---|---|---|
| 供电工程 | | |
| 管道煤气工程 | | |
| 住宅家用中央空调工程 | | |
| 立体车库 | | |
| 游泳池水处理系统工程 | | |

（1）总承包商管理工作职责

总承包商管理工作职责包括4个方面。

① 报建与验收：分包单位对所承包工程范围的施工质量、进度和竣工资料的完整性负责；总包单位负责监督、检查和有关报建、验收、竣工资料备案手续的办理。

② 进度协调：总包单位应在开工后30日内提交分包工程的进出场时间，经甲方监理确认后执行；协调日常工作，按月提出对各分包工程的进度要求。

③ 合同付款：分包工程在支付进度款时，分包单位向总包单位提交形象进度及付款申请，经总包单位确认后，提交给监理公司，甲方经审核后由甲方按照公司程序来办理向分包单位支付工程款的手续。

④ 安全文明施工：分包单位进场后，总包单位负责对其现场安全和文明施工进行管理；分包工程施工过程中及竣工后，甲方负责督促分包单位将易破坏部分进行包装保护。

（2）总承包商配合工作内容

总承包商配合工作内容包括11个方面：

① 在分包工程施工前，按甲方及分包单位的要求完成有关的土建项目施工，提供具备各分包工程施工的条件；

② 提供必要的测量定位线，与分包单位核对各分包工程图纸与总包图纸间相关联的尺寸、标高等数据是否统一，并对所提交资料的准确性负责；

③ 提供工地现有的垂直运输、脚手架供分包工程使用，如需拆除应报甲方批准；

④ 施工、生活用水用电接口，水电费由分包单位负责；

⑤ 提供办公和生活场所、加工场地等；

⑥ 提供分包人员、材料、设备进场、吊装、堆放、保管条件；

⑦ 清理分包工程施工场地；

⑧ 负责在交叉施工过程中，采取措施保护分包工程成品，分包工程的成品遭到破坏，（除当场抓住破坏者外）全部责任由分包单位承担80%，总包单位承担20%；

⑨ 分包工程竣工后，由分包单位和总包单位办理移交手续，总包单位负责该分包工程的成品保护工作，移交后保护不周造成损失的由总包单位负责；

⑩ 按图纸、规范要求等完成分包工程预留预埋（线管须穿通铁丝），修补分包工程施工损坏，完成分包工程安装后的修补及塞缝；

⑪ 其他方便分包工程施工的工作。

### 7.3.3.2 专业分包工程范围划分

专业分包管理是建筑工程管理策划书的重要组成部分，按总包施工图范围以内的专业承包工程进行划分，是工程管理策划书中要求非常高的部分。另外，要确定专业分包单位及职责，制定价格管理制度。专业分包工程范围划分、项目总包下分包项目价格表表头示例，分别见表7-6、表7-7。

表7-6 专业分包工程范围划分

| 分包 | 项目 | | | | | | | | | | |
|---|---|---|---|---|---|---|---|---|---|---|---|
| 土建 | 幕墙钢构架 | 钢雨棚 | 铝合金门窗 | 进户门、单元门 | 阳台栏杆 | 室内精装修 | 室外总体 | 雨污水管道 | 指示牌与标志标线 | 交通标识 | 景观绿化 | 电业站装饰工程 |
| 安装 | 弱点（智能化）工程 | 消防工程 | 空调工程 | 太阳能工程 | 电梯工程 | 泛光照明工程 | 游泳设备 | 机械车库工程 | 分户采暖工程 | | | |
| 配套 | 供配电配套 | 供水配套 | 通信配套 | 有线电视配套 | 燃气配套 | 供暖配套 | | | | | | |

表7-7 项目总包下分包项目价格表表头示例

| 类别费 | 分包价格 | 单位 | 分包形式 | 建设单位 | 主材价格 | 时间 |
|---|---|---|---|---|---|---|
| | | | | | | |
| | | | | | | |

### 7.3.3.3 甲方另行分包工程

这类方式是指甲方制定专业分包、指定分包、指定供应,以及指定配合管理费费率清单(表7-8)。

① 甲方另行分包的工程,总承包方如有相应施工资质,则可参与投标,在同等条件下,甲方优先考虑由总承包方中标。

② 总承包方立优先选用指定品牌的材料(表7-9),如要采用指定品牌以外的产品,须报甲方考察确定,当其他品牌获甲方认可时,总承包方须以不高于该材料的报价去购买相同档次或更高档次的材料。

表7-8 专业分包、指定分包、指定供应以及指定配合管理费费率清单示例

| 序号 | 项目名称 | 结算方式 |
|---|---|---|
| 一 | 专业分包工程/独立承包工程 | 配合管理费费率 |
| 1 | 变配电高低压设备安装,供电接驳 | 无(施工水电由总包单位提供,分包商挂表计量,费用由总包单位向专业分包商收取);室内挂表后由总包单位施工 |
| 2 | 燃气工程 | 无(同上) |
| 3 | 电视安装工程 | 无(同上);室内管路排放由总包单位施工 |
| 4 | 电话、网络安装工程 | 无(同上);室内管路排放由总包单位施工 |
| 5 | 园林景观工程 | 无(同上) |
| 6 | 室外给水工程 | 无(同上);进户阀门井以内由总包单位施工 |
| 二 | 指定分包工程 | 配合管理费费率(南京一般定为2%) |
| 1 | 桩基工程 | 无 |
| 2 | 土方工程 | 3% |
| 3 | 安装工程 | 3% |
| 4 | 幕墙、铝合金门窗、玻璃雨篷、空调百叶 | 3% |
| 5 | 入户门、单元门 | 2% |
| 6 | 阳台栏杆工程 | 3% |
| 7 | 外墙外保温系统 | 3%;外墙底粉由总包单位施工 |
| 8 | 电梯采购、安装 | 安装费2% |
| 9 | 消防工程 | 2% |

（续表）

| 序号 | 项目名称 | 结算方式 |
| --- | --- | --- |
| 10 | 智能化系统工程 | 2%，室内管路排放由总包单位施工 |
| 11 | 样板房、会所装修；住宅全装修工程 | 2% |
| 12 | 外墙涂料工程 | 2% |
| 13 | 信报箱工程 | 1% |
| 14 | 游泳池安装工程 | 2% |
| 15 | 钢结构工程 | 2% |
| 16 | 桩基检测 | 无 |
| 17 | 基坑监测 | 无 |
| 18 | 沉降观测 | 无 |
| 19 | 材料检测 | 无 |
| 20 | 室内环境检测 | 无 |
| 21 | 防雷接地检测 | 无 |
| 三 | 指定供应 | 结算方式 |
| 1 | 外墙面砖、楼地面砖 | 依项目风格要求 |
| 2 | 屋面保温板 | 同上 |
| 3 | 防水材料 | 同上 |
| 4 | 配电箱、电表箱 | 同上 |

表7-9 甲方指定品牌范围材料示例

| 序号 | 名称 | 指定品牌 |
| --- | --- | --- |
| 一 | 电气设备安装工程 | |
| 1 | 开关、插座 | 高档 |
| 2 | 暗装接线盒/灯头盒 | 合格 |
| 3 | 难燃PVC电管 | 合格 |
| 4 | UPVC电管 | 合格 |
| 5 | 焊接钢管 | 合格 |
| 6 | 镀锌钢管 | 合格 |
| 二 | 给排水工程 | |
| 1 | 承插塑料排水管（零件粘接） | 合格 |
| 2 | 螺旋排水管 | 合格 |

（续表）

| 序号 | 名称 | 指定品牌 |
|---|---|---|
| 3 | 地漏 | 高档 |
| 4 | 铜塑复合管 | 合格 |
| 5 | 室内给水聚丙烯管（热熔连接） | 合格 |
| 6 | 截止阀、闸阀、蝶阀、球阀、止回阀、浮球阀 | 中档 |
| 三 | 弱电工程 | |
| | 砖、混凝土结构暗配电线管 | 合格 |

#### 7.3.3.4 工程承包范围说明

在项目工程承包范围内的建筑、结构、水电施工图3个项目外，还有10大工程类别：

① 甲方另行分包的工程、甲方供应材料设备所列项目以外的工程内容、甲方分包所列项目预埋（留）件；

② 暗配及构件（或设备、部件等）安装后堵补工程；

③ 室外散水坡、首层阳台主体及装饰工程；

④ 私家花园围墙主体及装饰、私家花园内、私家花园土方回填至园建图纸要求标高；

⑤ 室外楼梯铺装工程及室外楼梯上花池主体和装饰工程；

⑥ 竣工后建筑垃圾及时清理、成品保护；

⑦ 竣工前和移交给物业公司前外墙面砖清洗；

⑧ 现场协调、现场配合验收；

⑨ 保修期内维修和保修；

⑩ 因质量问题引起的维修和更换、技术指导及技术培训等。

### 7.3.4 工程进度管理

项目工程施工的进度管理，主要管理目标是施工节点。管控对象包括4类：组织措施、技术措施、经济措施及合同措施。管理步骤分两步：①明确主要分项工程所用时间和起止时间；②用简练语言描述、概括和总结工程进度计划。其他内容可以根据项目具体情况有所增减。

工程进度管理包括3方面内容：①对总承包商单位的进度管理；②对分包单位

的进度管理；③对工程进度计划的管理。

### 7.3.4.1 对总承包商单位的进度管理

对总承包商单位的进度管理有4个要点。

① 总包单位施工进度管理。开工前进行施工总计划审核，施工过程中审核月进度、周进度计划，并与总计划进行对比，不符者应要求总包单位采取加人、加设备或延长作业时间等措施，及时进行调整，并进行奖罚激励或采取处罚措施。

② 总包单位施工质量管理。在门窗塞缝、落水管吊洞等关键工序和节点上，实行技术交底、质量培训、旁站监督、事后复查等管理策略，并做好检查记录。出现问题，可采用口头警告、开具书面整改单、收取违约罚款、更换不称职项目管理人员、局部暂停施工等整改措施。

③ 总包单位安全管理。专职安全员需持证上岗并加大现场安全管理力度，现场工程师均有权、有责对现场安全进行检查、监督，可采用口头警告、开具书面整改单、收取违约罚款、更换不称职项目管理人员、局部暂停施工等整改措施。

④ 总包单位施工协调管理。对于甲方分包工程和甲方供货材料，总承包商按合约规定收取总包管理费，将其纳入总包单位管理范围之内。总包单位在编制项目总施工进度计划时，需充分考虑对甲方分包工程和甲方供货材料的影响，将其编制在内。

施工过程中，总包单位需按时组织甲方分包工程和甲方供货材料进场，为其提供必要的作业条件和作业环境。

项目中心负责协调和监督总包单位和甲方分包工程、甲方供货材料供应商的关系。

### 7.3.4.2 对分包单位的进度管理

对分包单位的进度管理有2个要点。

① 与总包单位实行工序面交接制度。总包单位交出工序面，应是已完成且质量合格的，如果工序面不合格，分包单位可拒绝接受，如果接受，由分包单位负责；分包单位完成后，再书面反交给总包单位，如质量不合格，总包单位可拒绝接受，如果接受，由总包单位负责。

② 与总包单位签订配合协议制度。分包单位进场前，与总包单位签订书面配合协议，在安全、文明施工方面，总包单位有权有责对分包单位实行管理，在垂直运输方面，服从总包单位安排，如有争议，由工程主管工程师协调。

#### 7.3.4.3 工程进度计划的管理

工程进度计划的管理流程，见图7-11。

图 7-11　工程进度计划的管理流程

（1）进度控制

由甲方制定进度开发计划，总承包商编制总施工进度计划，监理和甲方审批总施工进度计划，最终确定总施工进度计划后，由分包单位根据总施工进度编制分包工程施工进度计划。

在实施过程中，通过现场查看、开例会和专题会等对计划的实际情况进行监控，并修改调整进度计划。

（2）质量控制

由施工单位编制质量保证体系、质检人员组织架构、质量控制点、工程施工样板计划等，由监理、甲方检查与监控是否符合要求。

（3）材料进场验收控制

由施工单位编制材料进场计划并申请，监理及甲方审核决定是否同意进场。材料到现场后，施工单位提交申请资料，由监理、甲方、施工单位三方联合验收并按规定抽样送检，合格后方可投入使用。

（4）竣工验收

工程竣工验收前三个月由工程组派专人总负责协调验收工作，并制定验收计划，表明各专业验收截止日期，传送给各相关部门。各部门制定相关规划并监督实施，完成后按计划收集各分项验收成果资料，并按资料管理规定移交公司档案室。

（5）现场签证

相关单位提出签证需求后，工程部负责分析需求、提交负责人审批，审批后将签证单返还给施工单位，用作结算依据。

（6）进度款支付

由施工单位提交工程进度款申请及工程形象进度，监理、甲方相关部门审核并批复，最后由财务人员根据审核结果进行工程进度款支付。项目工程施工进度节点计划示范表，见表7-10。

表7-10 项目工程施工进度节点计划表(示范)

| 序号 | 施工进度 | 周期/天 | 开始时间 | 完成时间 |
| --- | --- | --- | --- | --- |
| 1 | 主体工程施工 | 397 | | |
| 1.1 | 多层工程 | 397 | | |
| 1.1.1 | 桩基工程施工与验收 | 25 | | |
| 1.1.2 | 基础施工与回填 | 25 | | |
| 1.1.3 | 主体工程封顶 | 40 | | |
| 1.1.4 | 外架拆除 | 90 | | |
| 1.1.5 | 单体工程竣工验收备案 | 45 | | |
| 1.1.6 | 监理验收与整改 | 25 | | |
| 1.1.7 | 工程部验收与整改 | 25 | | |
| 1.1.8 | 入伙前验收与整改 | 25 | | |
| 1.1.9 | 工程移交 | 7 | | |
| 1.1.10 | 入伙 | 15 | | |
| 1.2 | "11+1"层工程 | 397 | | |
| 1.2.1 | 桩基工程施工与验收 | 25 | | |
| 1.2.2 | 基础、地下室施工回填 | 35 | | |
| 1.2.3 | 主体工程封顶 | 75 | | |
| 1.2.4 | 外架拆除 | 85 | | |
| 1.2.5 | 单体工程竣工验收备案 | 75 | | |
| 1.2.6 | 监理验收与整改 | 25 | | |
| 1.2.7 | 工程部验收与整改 | 25 | | |
| 1.2.8 | 入伙前验收与整改 | 25 | | |
| 1.2.9 | 工程移交 | 7 | | |
| 1.2.10 | 入伙 | 15 | | |
| 1.3 | 18层工程 | 397 | | |
| 1.3.1 | 桩基工程施工与验收 | 25 | | |
| 1.3.2 | 基础、地下室施工回填 | 35 | | |
| 1.3.3 | 主体工程封顶 | 95 | | |
| 1.3.4 | 外架拆除 | 85 | | |
| 1.3.5 | 单体工程竣工验收备案 | 60 | | |
| 1.3.6 | 监理验收与整改 | 25 | | |

（续表）

| 序号 | 施工进度 | 周期/天 | 开始时间 | 完成时间 |
|---|---|---|---|---|
| 1.3.7 | 工程部验收与整改 | 25 | | |
| 1.3.8 | 入伙前验收与整改 | 25 | | |
| 1.3.9 | 工程移交 | 7 | | |
| 1.3.10 | 入伙 | 15 | | |
| 2 | 销售开放展示 | 95 | | |
| 2.1 | 销售大厅 | 90 | | |
| 2.1.1 | 土建施工 | 30 | | |
| 2.1.2 | 室内装饰工程 | 15 | | |
| 2.1.3 | 室内二次装饰施工 | 45 | | |
| 2.1.4 | 室外环境工程 | 30 | | |
| 2.2 | 12层板式高层样板楼 | 37 | | |
| 2.2.1 | 临时电梯机房设置 | 15 | | |
| 2.2.2 | 临时电梯安装 | 15 | | |
| 2.2.3 | 外挑悬架交付作业面 | 2 | | |
| 2.2.4 | 室内装饰工程 | 35 | | |
| 2.2.5 | 室外管线工程 | 15 | | |
| 2.2.6 | 室外景观工程 | 20 | | |

### 7.3.4.4　工程进度计划控制

工程进度计划控制包括3个方面：甲方分包工程施工进度计划控制、项目中心内部计划协调、总承包商计划控制。

（1）甲方分包工程施工进度计划控制

各分包商在进场前，项目中心对其施工周期要求进行交底，各分包商按照要求编制施工进度计划，并上交施工组织设计；项目中心联合监理公司审核施工组织设计中的机械设备配置、人力资源配置、材料供应计划能否满足施工进度要求，提出整改意见，反馈给各分包商；各分包商修正后重新报审。

（2）项目中心内部计划协调

项目中心与成本管理部、设计工程部、销售部沟通，在充分考虑总包方、分包方、甲供料供应商、限价及指定品牌材料清单、招投标计划、设计计划、营销计划的基础上，根据项目总控制计划要求，编制切实可行的相关工作计划：项目总开发计划、招标考察计划、分包队伍进场计划、甲供材料进场计划、样板确认计划、出图计划。

当施工计划、招投标计划、设计计划、营销计划中某一项发生变化时，项目中心组织召开工程协调会，在不影响公司项目总体计划关键目标的前提下，协调调整各有关计划；对影响项目总体计划关键目标的，应上报项目总经理。

项目中心将调整后的项目实施计划下发至监理公司和总承包商，总承包商相应调整施工计划，重新报监理公司和项目经理部审核。

**（3）总承包商计划控制**

总承包商按照项目总施工进度计划和各细部施工计划，组织施工。每周召开监理例会，项目经理部和监理公司负责审核上周工程完成情况，与上周施工计划作对比，对工期滞后情况，监理公司协助总承包商查明原因，制定切实可行的赶工方案，以实现月度施工计划，该方案报项目中心存档。

每月监理提交工程月报，项目中心和监理公司负责审核上月工程完成情况，与上月施工计划作对比，对工期滞后情况，监理公司协助总包查明原因，制定切实可行的赶工方案，赶工效果应体现在下月施工进度计划中，以实现项目总施工进度计划，该方案报项目中心存档。

## 7.3.5　工程质量与安全管理措施

房地产项目的工程质量与安全管理，要依据现行国家有关规范、项目所在城市现行标准规定和本企业标准分析工程质量与安全管理依据。

工程项目质量管理，要遵循质量管理体系和质量管理标准。工程质量管理的范畴很大，涉及组织和项目诸多方面，一定要在项目工程开始前制定项目质量管理计划和标准，把质量管理标准应用于项目的规划、管理中，以控制项目质量，从而实现相关方的目标。

### 7.3.5.1　安全文明管理内容

项目的安全文明施工是指保持整个施工现场的整洁、卫生，施工组织科学合理，施工程序科学合理的一种施工活动。

工地现场的安全文明管理标准化程度、项目工程现场的管理水平最能直观地体现安全文明。施工管理主要包括：场容管理、现场材料设备管理、安全技术、保卫、消防和生活卫生等方面的管理工作。有具体实施细则的安全文明管理，才是有序、有效的施工管理。具体来说，是对5个方面的管理：

① 编制文明施工方案。施工前由工程技术人员、安全员编制文明施工专项方案。

② 制作文明施工专项方案。主要内容包括围挡墙、临建设施搭设、场容场貌、卫生管理、环境保护、消防等主要内容，尤其是严格施工现场材料堆放管理。方案由公司技术负责人审批，项目总监、建设单位项目负责人审核并签字。

③ 重点做好6个方面的检查和监管，提升施工围挡标准：场容场貌、临时设施、安全防护设施、脚手架工程、样板房工程、环境保护。

④ 重点查看项目工程的标识：施工现场有CI标识系统，包括施工主入口形象设计、临时围墙设计、项目部铭牌设计、上墙资料、公司CI设计、卫生间标识等。

⑤ 施工过程控制管理。主要分析施工过程中监理公司管理职责与工作细则即可。

#### 7.3.5.2 工程质量管理措施

对一个房地产项目工程质量的管理主要有13大措施（图7-12）。

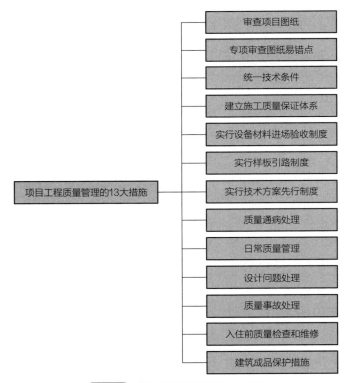

图7-12　项目工程质量管理的13大措施

### (1) 审查项目图纸

项目施工图出图前，各个部门的职责都非常具体：

① 设计部组织，项目中心参加；

② 参与部门的主要工作是审查施工图纸，重点检查设计指导书、设计任务书的符合性，施工做法的合理性；

③ 销售部门承诺落实；

④ 图纸如果出现问题，形成审查文件，转设计院修改后重新出图；

⑤ 开工前由项目中心组织，总承包商、设计院、监理公司参加，进行设计交底和图纸会审，形成图纸会审纪要。

### (2) 专项审查图纸易错点

项目的设计图纸易错点主要包括9点：

① 绝对标高与周边场地标高的协调；

② 总图坐标封闭复核；

③ 基础梁顶标高与室内外地面标高的关系，底层凸窗、空调板标示及节点索引；

④ 结构梁布置对住户室内和阳台上空的影响；

⑤ 楼面（卫生间、阳台、露台、退台）降板标高、导墙、拦板、凸窗、空调板标示及节点索引；

⑥ 外圈梁底标高与外门窗顶标高的吻合性；

⑦ 屋面排水坡度、防水节点、导墙高度计算的复核；

⑧ 房屋的开间、进深、层高、平面布局等是否满足要求；

⑨ 校对所有结构构件的设计钢筋和构造钢筋以及洞口加固钢筋，主次梁交接处须加箍筋或吊筋，柱与墙、扶手与墙的连接筋等是否表示完整。

### (3) 统一技术条件

项目工程统一技术条件管理是项目技术管理统一性的主要要求。统一技术主要是指对8类技术内容的管理：

① 阳台反沿、厨房卫生间导墙、屋面女儿墙、降板高度、凸窗节点、老虎窗节点是否统一；

② 栏杆、扶手详图；

③ 庭院围墙详图；

④ 铝合金门窗规格、数量、分格设计统一；

⑤门庭、电梯厅、楼梯间地面铺贴图；

⑥雨水管、空调孔洞、厨房、卫生间预留孔、预埋件定位标注；

⑦开关、插座、灯具、配电箱、弱电箱定位；

⑧室外景观、管线综合平衡设计。

**（4）建立施工单位质量保证体系**

总承包商在项目开工前，根据工程特点和合同规定质量目标，编制项目质量计划上报项目中心和监理公司。项目中心要协助监理公司审查其质量保证体系、质量保证措施、主要工程施工方案选择的合理性和有效性，将意见以书面形式反馈给总承包商修改。

**（5）实行设备材料进场验收制度**

在工程施工前，项目中心要对甲方供应的材料、甲方指定的材料进行审查，考察规格、型号、施工工艺、节点处理、成品保护方式，再由相关部门封样。

不论是甲方供应的材料设备，还是承包商供应材料设备、甲方指定的材料，进场前都要由总包单位按照国家规范、合同要求进行检验，对影响结构和使用功能的材料，需要按照要求实施见证取样试验。未经专业部门检验合格，任何材料不得进场投入使用，还要将该设备材料贴上清楚的标志进行隔离管理，并尽快做退场处理。

**（6）实行样板引路制度**

样板引路是工程质量管理的重要手段。在项目工程中，任何一个分项工程，尤其是防水层、保温层、钢结构施工、转换层施工、铝合金门窗，都要由承包商先做样板（样板房、样板工艺等），然后报监理公司和项目中心进行验收，验收通过后进行大面积施工。

对新材料、新设备、新工艺要先做样板，报监理公司、项目管理部、工程管理部、设计部，通过试验和鉴定后应用到工程中。样板引路示范表，见表7-11。

**（7）实行技术方案先行制度**

总承包商和各分包商在施工前，编制各分项工程施工技术方案。报监理公司和项目中心审批，通过后进行施工，对未报施工的方案一律不得施工。

在施工过程中，施工总承包商按照已编制的技术方案，编制施工月度计划，并细化至周计划甚至日计划，在每周工程例会前提交下周施工周计划，项目部工程组予以审核各细部计划的符合性和合理性。工程项目拟审批的施工方案，详见图7-13。

表7-11 样板引路制度示范表

| 编号 | 类别 | 内容 | 组织部门 | 确认部门 |
|---|---|---|---|---|
| A | 交楼样板 | 户型 | 工程部 | 设计部、营销部、监理公司、总包单位 |
| B | 施工工艺样板 | 混凝土导墙 | 监理公司 | 工程部、总包单位 |
| B | 施工工艺样板 | 空调侧板 | 监理公司 | 工程部、总包单位 |
| B | 施工工艺样板 | 混凝土楼（屋）面收浆 | 监理公司 | 工程部、总包单位 |
| B | 施工工艺样板 | 砌体勾缝 | 监理公司 | 工程部、总包单位 |
| B | 施工工艺样板 | 穿墙管预埋 | 监理公司 | 工程部、总包单位 |
| B | 施工工艺样板 | 钢板（丝）网安装 | 监理公司 | 工程部、总包单位 |
| B | 施工工艺样板 | 内外墙抹灰 | 监理公司 | 工程部、总包单位 |
| B | 施工工艺样板 | 内外墙涂料 | 监理公司 | 工程部、总包单位 |
| B | 施工工艺样板 | 天棚 | 监理公司 | 工程部、总包单位 |
| B | 施工工艺样板 | 楼梯地面粉刷、楼梯地面砖 | 监理公司 | 工程部、总包单位 |
| B | 施工工艺样板 | 楼梯踏步 | 监理公司 | 工程部、总包单位 |
| B | 施工工艺样板 | 铝合金塞缝、防水、打胶 | 监理公司 | 工程部、总包单位 |
| B | 施工工艺样板 | 防水基层处理 | 监理公司 | 工程部、总包单位 |
| B | 施工工艺样板 | 防水层 | 监理公司 | 工程部、总包单位 |
| B | 施工工艺样板 | 屋面瓦铺设 | 监理公司 | 工程部、总包单位 |
| C | 材料样板 | 涂料、油漆 | 设计部 | 工程部、监理公司、总包单位 |
| C | 材料样板 | 地砖及排版 | 设计部 | 工程部、监理公司、总包单位 |
| C | 材料样板 | 铝合金门窗、配件 | 设计部 | 工程部、监理公司、总包单位 |
| C | 材料样板 | 外墙面砖 | 设计部 | 工程部、监理公司、总包单位 |
| C | 材料样板 | 开关面板 | 设计部 | 工程部、监理公司、总包单位 |
| C | 材料样板 | 灯具 | 设计部 | 工程部、监理公司、总包单位 |
| C | 材料样板 | 洁具 | 设计部 | 工程部、监理公司、总包单位 |

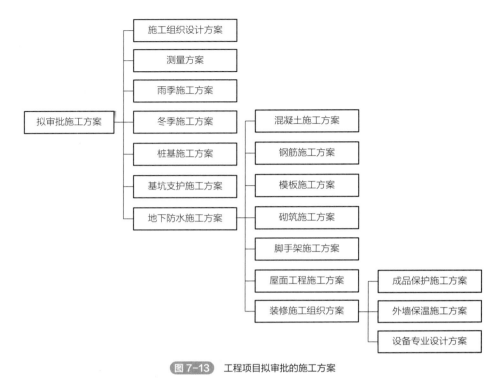

图 7-13 工程项目拟审批的施工方案

**（8）质量通病处理**

针对经常出现、易引起业主投诉的各类建筑问题：墙面开裂、厨厕间漏水、窗台渗漏水、出顶间外墙墙面开裂、防水设计不合理、空调洞倒水、门窗质量问题、结构施工洞和施工缝留设不合理，及在施工中的管理问题，由项目中心组织设计院、监理公司、承包商召开专门的技术讨论会，制定有效措施。

**（9）日常质量管理**

项目中心协助监理公司，对承包商的日常施工进行管理，严格施工工艺和工作流程，对重要部位和工艺进行旁站。每周召开监理例会，总承包商将上周工程质量实施情况做总结汇报。就工程质量问题，监理公司协助总承包商分析原因，制定纠正措施和预防措施。

**（10）设计问题处理**

对于在设计中应注意的问题，包括钢结构、铝合金门窗二次设计、精装修、专业设计等，项目中心配合设计部，以设计指导书的形式向有关设计单位提出要求，明确设计要求和节点做法，确保设计图纸的深度和质量。

### （11）质量事故处理

对严重的质量事故，由总承包商提出技术处理方案，并经监理公司和项目中心认可后，进行处理。对经处理的部位，应重新检查验收。

对于一般的质量事故，由总承包商按技术处理方案处理后，重新检查验收。

### （12）入住前质量检查和维修

根据内部检查流程和方法，与物业公司一起对主体空间尺寸、观感质量、门窗质量等进行检查，对厨房和卫生间做渗水试验，发现问题及时维修。

### （13）建筑成品保护措施

明确对铝合金门窗、入户门、防水层、涂料与油漆、地坪、地砖、电梯等物品的保护措施。

#### 7.3.5.3　工程质量投诉指标管理

将质量管理目标量化成指标说明。如总投诉率、墙体开裂投诉率、卫生洁具投诉率、门窗投诉率、装饰投诉率、电气投诉率、部件投诉率（图7-14）。

图7-14　项目工程质量管理的7大投诉管理

## 7.3.6　工程成本管理控制措施

项目成本管理是在满足工程质量、工期等合同要求前提下，对项目实施过程中所发生的费用，通过计划、组织、协调和控制等管理手段实现预定成本目标，最大可能降低项目成本费用的管理活动。

项目成本管理主要通过技术、经济和管理3类手段。根据项目个案情况，制定合适、客观的成本控制目标，实施有效的成本控制措施，最终达到预定目标，实现项目盈利目的。

项目成本控制措施，要遵循施工项目的自然科学规律，按有效计划、组织、协调和控制项目的原则，利用以下7种措施实现项目成本控制目的（图7-15）。

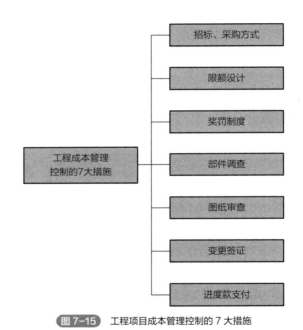

图7-15 工程项目成本管理控制的7大措施

### 7.3.6.1 确定招投标及材料采购方式

总包单位招投标原来采用的工程量清单方式可降低成本及对相关人员个人水平的依赖性，及时发现设计不合理之处，减少变更发生，降低工程总成本。现由于报批报建和施工图设计滞后，建议采用费率招标，节省招标工作时间。对于甲方分包工程、甲方提供设备材料，采用公开招标采购，实行"货比三家、择优选用"，采用合理低价中标原则，降低工程成本。

### 7.3.6.2 推行限额设计

将目标成本具体分解到不同物业类型，设计院按照施工图设计阶段建安成本限额设计成本控制建议进行限额设计。

### 7.3.6.3 设计奖罚制度

为鼓励设计院积极配合成本控制工作，进行多方案技术、经济认证，针对工程设计中对造价影响明显的经济指标，如桩基费用、钢筋含量、混凝土折算厚度、开窗率等进行量化，并与设计费直接挂钩。

### 7.3.6.4 部品部件调查研究

在扩初设计和施工图设计阶段，对工程部品部件如门窗、栏杆、入户门、面砖、涂料等进行全面调查研究，对部品部件的设计品质、成本目标、市场认可、招标采购供应方面进行协调统一。

### 7.3.6.5 图纸审查控制

开工前，组织施工图内部、总承包商、监理公司、设计院进行图纸会审，将图纸上出现的问题消化在图纸会审阶段，减少工程返工，降低成本浪费。

### 7.3.6.6 变更签证管理

在工程施工过程中进行现场签证的，要求承包商每天提交有关该项工作的所用人工、工种、材料、机械设备、测量的原始数据，报监理单位，由甲方确认；每项现场签证工作完成后2天内，乙方提交该项签证费用清单及相应原始记录确认文件，报监理单位，由甲方审批。

现场签证遵循如下8个原则。

（1）时间限制原则

各项目中心对现场签证及其补充预算实行严格的时间限制，并严禁过后补办的做法。

（2）完工确认原则

现场签证完工后，现场签证单必须由监理公司、项目中心专业工程师、项目中心工程经理、项目中心成本经理、项目中心副总（总）经理共同签字，否则一律无效，如属隐蔽工程，必须在其覆盖之前签字确认，签证单中必须附隐蔽前的照片。

（3）一月一清原则

承包单位必须及时上报补充预算，每月20日前，成本管理部应审核完承包单位上月报送的补充预算。

（4）原件结算原则

现场签证的结算必须要有齐备的、有效的原件作为结算的依据。

（5）标准表格原则

所有的现场签证单都必须使用规定的标准表格。

（6）多级审核原则

现场签证的造价结算至少要经过二级以上的审核。

（7）完整性原则

现场签证必须对应项目中心发出的"工程联系单"或"技术核定单"，否则一律无效。

（8）准确性原则

偏差率控制在合同要求以内，否则可以按合同约定原则对该份签证进行处罚。

#### 7.3.6.7 工程进度款支付

采用月度付款形式，每月总承包商按合同约定上报工程月报，项目中心专业工程师协助监理公司负责审核确认上月完成工程量，成本工程师负责按工程量审核确认工程进度款。

### 7.3.7 工程风险管理与对策

房地产行业是高投入、高风险的行业。风险主要来自开发工程中的项目进度、质量、成本和设计中可能存在的各种问题。项目风险管理是对开发工程过程中出现或者存在的多种问题提出具有管理价值的应对策略。项目工程风险类别和内容，见图7-16。

（1）进度控制风险与风险对策

大多数的房地产项目，都存在工程占地面积大，多层、小高层、高层交织在一起，同期施工栋数多、分包项目多、总工期及各阶段工期要求紧等问题。工程项目的进度控制管理工作内容主要包括：

① 优选总包施工队伍，要求总包单位有足够的机械设备能力和劳动力配置；

② 合理调整各单体工程开挖计划；根据销售和对外开放及展示要求，先确定部分楼层建筑的施工方法；雨水、污水管等工程需要先行施工；

③ 协调公司各职能部门的工作，落实招标采购计划、出图计划、样板确定计划。

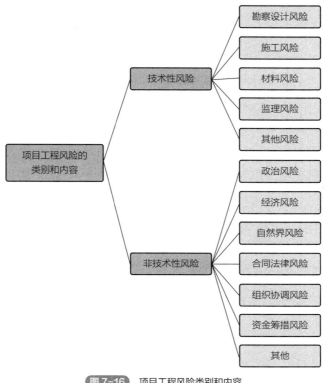

图 7-16　项目工程风险类别和内容

（2）质量控制风险与风险对策

工程质量风险有技术性风险和非技术性风险，应建立相应的建筑工程质量保险法规体系，通过确定建筑工程质量保险中的业主财产险，勘察、设计、施工等参建各方和风险管理单位的责任险配套措施，明确法律责任。

定位放线困难，地下室抗裂、防渗，屋面、墙面、卫生间抗渗漏，粉刷开裂、空鼓是工程质量控制的重点。发挥监理公司、总包单位及各分包单位主动性，完善质量保证体系，强化过程监督、检查和工序验收，把好竣工验收最后一关。

（3）成本控制风险与风险对策

成本管理风险控制是房地产开发企业管理的核心问题，要规避投资成本管理风险首先要明确投资成本构成，建立企业成本管理体系，制定企业成本管理制度，对各成本细项进行全程跟踪监控。

项目中心配合设计部、成本部，推行现额设计、优化设计，展开部品部件调查研究，加强现场变更和签证管理。

### （4）设计控制风险与风险对策

房地产开发企业在工程管理的风险控制方面最薄弱之处是管理者失误和设计管理人员失误，主要通过企业实现职业经理人制度和产品定位对以上问题进行解决，着重对工程设计人员进行综合素质考察。另外，可建立"项目下放管理、实时跟踪审计、重大责任追诉"制度，降低设计管理人员失误的风险。

例如，根据工程进度要求，在扩初设计文件尚未正式批复、施工图设计正在进行中时，工程桩基提前施工，项目中心协助设计部积极跟踪施工图设计进程，合理调整打桩进程，力求把可能的损失降低；另一方面，与当地城市主管部门沟通，取得支持。

## 7.3.8 项目沟通与协调管理

项目工程管理，除了明确项目建设基本范围和组织团队，以及管控项目的成本、进度、质量、健康安全、公共环境、合同和信息之外，还要体现出整个施工组织内部的协调机制。

组织协调一个项目工程的内部关系，在工程管理中非常重要。因为工程施工环节多，协调部门多，受制度及组织架构等原因的限制，很多部门间不能很好地配合和支持。工程策划书要把项目沟通机制，作为一项专项管理目标规范起来。用既定管理手段、方法和要求，疏通项目工程中的各种不畅关系，排除执行中的干扰和障碍。

### 7.3.8.1 项目沟通管理

房地产项目沟通管理是指在项目工程的各个里程碑节点，比如工程基础（打桩）开工、主体封顶、外架拆除、单体验收、样板楼展示、销售开盘中的沟通机制和处理措施。

建筑施工各标段里程碑的形象进度完成后，要做到两天内编制好物业管理资料。一般而言，一个项目完整的沟通管理体系包括6方面内容：进场知会、例会及专题会议制度、工程月报上报要求、里程碑形象进度、工序交底制度、文件管理。

（1）进场知会

对于每一家进场作业的承建商、供应商，各主管工程师应在相关工作全面开始前，以书面形式签发"进场知会"，明确项目部的联系人、联系电话，与公司的对口工作部门，确定文件收发制度、会议制度、工作流程与表格格式等。

(2)例会及专题会议制度

工程部确定周工作例会的时间及由谁主持。进行各岗位工作总结及上周工作情况汇报并制定本周工作计划。明确监理例会、工程协调会、项目部内部周例会的召开和组织要求。

(3)工程月报上报要求

项目部每月末要编制工程月报,对本月工程进度、质量、存在问题、合作单位评价、工程款支付情况进行全面整理,报送项目总经理。

(4)里程碑形象进度

工程基础(打桩)开工、主体封顶、外架拆除、单体验收、样板楼展示、销售开盘为项目工程里程碑,各标段工程里程碑形象进度完成后在规定天数内应编制里程碑形象进度文件,上报总公司。

(5)工序交底制度

交底流程依次是:工程经理(副经理)、工程师、施工管理层、工作班组。

(6)文件管理

根据项目推进中的各类文件制定出详细严谨的管理制度及标准格式。

### 7.3.8.2 项目协调管理

施工项目的总体协调包括 4 方面内容:场地条件、销售开放展示要求、民扰情况和对外协调工作(图 7-17)。

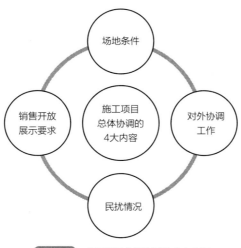

图 7-17　施工项目总体协调的 4 大内容

### （1）场地条件

分析场地给水、排水、供电、通信、临时生活设施、施工道路开口等情况。

### （2）销售开放展示要求

说明销售开放展示对场地布置的要求即可。

### （3）民扰情况

分析施工时间、施工噪声、施工污染等扰民因素，并提出解决方法。

### （4）对外协调工作

主要指为保证项目顺利完成，项目管理部门与质量安全监督站、煤气公司、电力局、自来水公司、通信、有线电视等政府、行业部门发生的沟通行为。